WHY HAPPINESS MATTERS

Introduction to Aristotle's *Nicomachean Ethics*

【希】帕夫洛斯·康托斯（Pavlos Kontos）著

刘玮 译

幸福为什么很重要？

亚里士多德《尼各马可伦理学》导论

北京大学出版社
PEKING UNIVERSITY PRESS

图书在版编目（CIP）数据

幸福为什么很重要？：亚里士多德《尼各马可伦理学》导论 /（希）帕夫洛斯·康托斯著；刘玮译 . —北京：北京大学出版社，2024.7 —ISBN 978-7-301-35175-8

Ⅰ. B502.233；B82-091.984

中国国家版本馆 CIP 数据核字第 2024WY8546 号

This research was funded in the context of the project "Promotion of the Study of Greek and Chinese Ancient Civilisations" under the call for proposals "Support of Actions for the Internationalization of Higher Education". The project is co-financed by Greece and the European Union (European Social Fund-ESF) by the Operational Programme Human Resources Development, Education and Lifelong Learning 2014-2020.

Operational Programme
Human Resources Development,
Education and Lifelong Learning
Co-financed by Greece and the European Union

书　　　名	幸福为什么很重要？：亚里士多德《尼各马可伦理学》导论 XINGFU WEISHENME HENZHONGYAO?: YALISHIDUODE《NIGEMAKE LUNLIXUE》DAOLUN
著作责任者	〔希〕帕夫洛斯·康托斯（Pavlos Kontos）著　刘　玮译
责任编辑	王晨玉
标准书号	ISBN 978-7-301-35175-8
出版发行	北京大学出版社
地　　址	北京市海淀区成府路 205 号　100871
网　　址	http://www.pup.cn　新浪微博 @ 北京大学出版社
电子邮箱	编辑部 wsz@pup.cn　总编室 zpup@pup.cn
电　　话	邮购部 010-62752015　发行部 010-62750672 编辑部 010-62752025
印　刷　者	大厂回族自治县彩虹印刷有限公司
经　销　者	新华书店
	880 毫米 ×1230 毫米　16 开本　16.25 印张　197 千字 2024 年 7 月第 1 版　2024 年 7 月第 1 次印刷
定　　　价	78.00 元

未经许可，不得以任何方式复制或抄袭本书之部分或全部内容。
版权所有，侵权必究
举报电话：010-62752024　电子邮箱：fd@pup.cn
图书如有印装质量问题，请与出版部联系，电话：010-62756370

目 录

"本原·希腊思想"丛书总序 001

序　言　一个人性的、太人性的故事 004

导　论　"亚里士多德的伦理学"是什么意思？................... 001

第 1 章　幸福与人生目的 005
  1.1　人生与行动 005
  1.2　幸福与政治学（I.2）... 009
  1.3　不同的人生选择（I.5）....................................... 013
  1.4　赚钱的技艺（《政治学》I.8-9）........................ 018
  1.5　幸福的标准（I.7）... 022
  1.6　人的功能与德性（I.7）....................................... 027
  拓展阅读 035

第 2 章　伦理德性 036
  2.1　理智德性与伦理德性（I.13, II.1）..................... 036
  2.2　伦理德性与快乐（II.2-3）.................................. 039

2.3 伦理德性的三个层次（《尼各马可伦理学》VI.13 与
    《政治学》VII.13）..042
2.4 想望与行动的目标（II.3, III.4）..........................044
2.5 伦理德性与中道状态（II.3-6）...........................048
2.6 勇敢与豪迈（III.6-9, IV.3）................................056
2.7 道德行动的构成要素（III.1）.............................059
拓展阅读...062

第 3 章 正 义 063
3.1 "正义"的含义（V.1）...063
3.2 正义是科学吗？（《尼各马可伦理学》V.4 与
    《政治学》III.16）..070
3.3 正义、贪婪与其他德性（V.12）.........................072
3.4 两种特殊正义（V.2-5）......................................074
3.5 公道与正义（V.10）..079
3.6 正义与中道（V.5）..084
拓展阅读...086

第 4 章 科学、智慧与技艺 087
4.1 明智..087
4.2 永恒之事和取决于我们之事（VI.2-3）..............089
4.3 科学和智慧（VI.3, 6-7）.....................................092
4.4 技艺（VI.4）..098
拓展阅读...103

目 录

第 5 章 明 智 104

    5.1 明智作为正确决定的德性（VI.2, III.12） 104

    5.2 思虑和聪明（VI.9, 12, III.3） 111

    5.3 明智的感知（VI.8） 116

    5.4 明智的定义（VI.5-6） 118

    5.5 理解（VI.10） 122

    5.6 明智的分支（VI.8） 126

    拓展阅读 128

第 6 章 恶性、自制、不自制与兽性 130

    6.1 不自愿行动（III.1） 130

    6.2 恶性（II.4） 137

    6.3 自制（VII.2-4, 7-10） 141

    6.4 不自制（VII.2-4, 7-10） 144

    6.5 兽性（VII.1, 5-6） 150

    拓展阅读 154

第 7 章 快 乐 155

    7.1 关于快乐的意见（VII.1） 155

    7.2 快乐不是运动（VII.11-13） 160

    7.3 快乐的现象学（VII.14） 167

    7.4 快乐与行动（X.4-5） 171

    7.5 快乐与幸福（X.4-5） 175

    拓展阅读 178

第8章 友 爱 179
8.1 关于友爱的疑难 179
8.2 朋友的不同种类（VIII.1-4）.................. 183
8.3 友爱与行动（VIII.5, IX.12）.................. 194
8.4 幸福之人为何需要朋友？（IX.9）.......... 197
8.5 感知朋友存在的快乐（IX.9）................ 201
拓展阅读 207

第9章 首要的和次等的幸福 208
9.1 比较明智与智慧（VI.12-13）................ 208
9.2 完全的幸福（X.6-7）.......................... 212
9.3 次等的幸福（X.8）............................ 217
9.4 沉思生活的诱惑 218
9.5 德性的统一性 228
9.6 《尼各马可伦理学》的受众 236
拓展阅读 241

参考文献 242
译后记 248

"本原·希腊思想"丛书总序

这套丛书的名字 ἀρχή（archê），是一个内涵非常丰富的词汇，它至少有下面三个含义：第一个也是最基本的含义是"开始""原初"（beginning, origin）之类表达时间先后顺序的含义，由此衍生出 archeology（考古学），archetype（原型）等词汇；第二个是"原则""原理"（principle）这种带有统摄性的含义；第三层是"权力""统治""官职"（power, sovereignty, government, office 等）这样的带有权威性、等级关系的含义，由此衍生出 monarchy 君主制、archbishop 主教等词汇。

这三个含义既有一定的区分，也有很强的联系。最初的东西经常被看作是作为原则或原理的东西，比如几何学里的公理既是最初的又是基本的原理；而居于首位和作为原理的东西也很自然会被看作是具有主导性、权威性和统治地位的东西。

对于西方思想的发展来讲，希腊思想同时承担了这三个方面的意义。它是西方思想最古老的源头（之一），希腊思想在各个方面都是西方思想不竭的源头活水，给不同时代的西方思想注入新的动力。由此，希腊思想也作为某种原则或原理塑造了西方思想的基本形态和思维方式。在这种意义上，希腊思想对于整个西方思想也具有了很强的权威性和主导性。我们不需要太多夸大，就可以将怀特海的那句名言"对欧洲哲学传统最安全的概括就是它是柏拉图的一串注脚"中的"哲学／柏拉图"替换为"文学／荷马""历史／希罗多德""悲剧／埃斯库罗斯""喜剧／阿里斯托芬""几何学／欧几里得"等等。

了解古希腊思想本身是一件令人极有兴味的事情。在那里，思想都是原发的、鲜活的，思想家们带着极强的好奇感和探索欲，不用行话黑话，也没有卖弄炫耀，他们真诚地直面人生的关切、经历思想的探险。

了解古希腊思想对于理解西方有着深刻的意义。希腊思想给西方的文学、哲学、政治、艺术等等方面提供了诸多母题和范式。"言必称希腊"绝非一种带着学究气的迂腐，而是对西方思想传统和传承的充分认可。

了解古希腊思想还有一份比较互鉴的重要价值。这种比较既能帮我们看到不同思维的共性从而让自己倍感安心，又能看到有趣的差异从而碰撞出新的火花，这样的比较互鉴会提供更深入地了解自己和对方的完美契机。

这套丛书试图为中文读者呈现希腊思想的一些侧面，为我们更好地了解希腊思想、研究希腊思想，同时也从希腊思想获取自己的精神滋养提供一些便利。这套丛书不限于某些固定的主题，只要是希腊思想重要的、有趣的、独到的侧面，不管是文学、历史、哲学、政治、科学、艺术都希望有所涉及；这套丛书也不限于固定的体裁，古典著作的翻译或注疏、当代重要研究著作或导论著作的翻译、中文学者的原创性作品，都希望有所收录；这套丛书也不限于时间和地理上的"古希腊"，希腊思想对西方乃至全世界都有着深远的影响，这套丛书也会包括希腊思想对后世的影响，不管是罗马时代受到希腊思想深刻影响的作家、文艺复兴或者现代认为自己在希腊思想里找到精神家园的作家，还是当代各种以"新"命名的与希腊思想密切相关的学派或主义（比如新亚里士多德主义、新斯多亚主义），以及各种可能的比较性研究，都希望有所涵盖。总之，希望这套丛书可以成为一片开放的园地，让文明互鉴之花尽情绽放！

刘　玮

2024 年 6 月 20 日

于中国人民大学

序言
一个人性的、太人性的故事

想象一下，你就是亚里士多德年轻的儿子尼各马可。①像很多人一样，你很崇拜马其顿国王菲利普（Philip）的儿子亚历山大（Alexander），"他在行动上超过了所有人"②，当他继承了王位之后，他的名声让全世界知晓。很自然，你希望像他那样。你知道你的父亲在菲利普的宫廷（虽然你的父亲从没谈起过这一点，但是其他人都这么说）。你认识到，不可能再有一个亚历山大，但是你还是梦想着获得和他接近的政治权力。你想要成为政治家，想要统治。你阅读了父亲的《政治学》，和他讨论了很多细节。如果有更多的指引和很多运气，你可能会获得成功。即便不是在雅典，或许也可以在小亚细亚。

---

① 尼各马可（Nicomachus）的母亲很可能是赫庇丽斯（Herpyllis，亚里士多德的第二任妻子，或者伴侣）或者皮提阿斯（Pythias，他的第一任妻子）。
② 《亚历山大修辞学》1420a17-18。这句引文出自据说是亚里士多德写给亚历山大的信。这封信被收录在这部作品中，虽然这部作品是亚里士多德作品集的一部分，但是并非亚里士多德所写。

序言 一个人性的、太人性的故事

你的父亲并不赞成你的这个理想。他写作了《尼各马可伦理学》来向你证明,你的梦想正在将你引向一条错误的道路。为了说明这一点,他解释了人生的终极目标是幸福,政治生活(不管它是否建立在德性之上,是否有良好的环境,是否会带来巨大的荣耀)并非实现幸福的唯一道路,更不是最好的道路。"尼各马可啊,要知道,亚历山大很可能并不幸福",他对你重复着这样的话。只有运用像天文学或者数学这样的理论知识才能完全确保幸福。幸福可以在任何地方获得,在斯塔吉拉、在雅典、在阿索斯*都可以。政治家会失去权力或者晚景凄凉("你不想像你的外祖父赫米亚斯[Hermias]那样结束一生,对吧?"①),城邦会失去光辉,但是理论知识的光芒从来不会有一点损伤。只要有一点运气,那些拥有理论知识的人也不会受到一点损伤。但是你并没有完全理解他的这番话。

就像雅典城里的每个年轻人一样,你基于周围的一切,坚持认为最能够决定整个城邦(用今天的话说就是国家)命运的人就是那些政治家和演说家(虽然你父亲也写下了《修辞学》,向你表明演说家不值得信赖,而你被他说服,确实不想成为一名演说家)。对你来讲,最大的诱惑就是成为一个拥有巨大政治权力,可以做出伟大行动的人。

---

* 斯塔吉拉(Stagira)是亚里士多德的出生地;雅典(Athens)是他前半生在柏拉图学园求学,以及建立自己的吕克昂学园(Lyceum)之后度过后半生的地方;阿索斯(Assos)是亚里士多德在第一次离开雅典后居住过的地方,下面提到的赫米亚斯就在阿索斯。——译注
① 赫米亚斯是小亚细亚的阿塔尼乌斯城(Atarneus)的僭主,他的前任是欧布鲁斯(Eubulus)。亚里士多德的第一任妻子皮提阿斯与赫米亚斯有关系,但是我们并不确定是什么关系。赫米亚斯本人也是一位哲学家,当亚里士多德离开雅典后,他招待了亚里士多德。因为与菲利普结盟,波斯人在公元前345年钉死了赫米亚斯。

幸福为什么很重要？

《尼各马可伦理学》结束于父亲与儿子之间的妥协。他们同意，职业政治家并不是真的拥有知识。父亲同意，对孩子来讲沉思生活显得太过遥远，儿子也理解了父亲为什么认为政治生活太不安全也太忙碌（父亲称之为"无闲暇的生活"）。然而，有一种角色可以融合儿子的梦想和父亲的意见，那就是立法者的角色。

我们永远不会知道，是父亲亚里士多德这样总结《尼各马可伦理学》："儿子，你应该听伊索克拉底（Isocrates）*说的，长大之后成为立法者"，还是儿子尼各马可自己（假设他是这个文本的出版者）想要加上这个结论。我们知道的是，尼各马可没有成为立法者。他很可能在一场战斗中英年早逝。没有雕塑或者其他对他面庞的记忆保留下来。即便如此，他的名字依然和《尼各马可伦理学》这本书的标题一起变得不朽。

---

* 伊索克拉底（Isocrates, 436—338）是与柏拉图同时代的雅典修辞学家/演说家，也在雅典建立了自己的学园，传授他心目中的"哲学"（即修辞学），他倡导一种政治性的生活。——译注

导论
"亚里士多德的伦理学"是什么意思？

当我们说"亚里士多德的伦理学"时，首先指的是亚里士多德写下来的那些关于伦理学的作品。这些作品中，最重要的就是《尼各马可伦理学》（*Nicomachean Ethics*），这部作品有很多不同的抄本（我使用牛津大学的"古典文本系列"[Oxford Classical Texts]中的校勘本）。《欧德谟伦理学》（*Eudemian Ethics*）和《大伦理学》（*Magna Moralia*）也有相似的内容，虽然《大伦理学》是不是亚里士多德本人所著有着巨大的争议。此外，人们也争论《尼各马可伦理学》和《欧德谟伦理学》哪一部写作时间更早，以及更重要的问题：哪一部表达了亚里士多德更成熟的观点。就我们的目的而言，我们接受《尼各马可伦理学》给出了亚里士多德伦理学的最佳图景。因此我们这部亚里士多德伦理学的导论就是关于《尼各马可伦理学》的阅读指南。

然而，只是提到这些作品，或者认为其他的作品（特别是《政治学》[*Politics*]）不属于"亚里士多德的伦理学"是不够的。因为我接下来会解释，没有一个完全独立于亚里士多德政治哲学的伦理学。但是粗略来说，还是有这样一个差别：亚里士多德的**政治哲**

学回答了"什么是幸福"的问题,由于方法论上的和实质性的理由,政治哲学被划分为了两部分,一部分就是我们今天说的"亚里士多德的伦理学",它关注的是个体的幸福,另一部分是我们所说的"亚里士多德的政治哲学",关注的是整个城邦及其公民的幸福。

还有一个问题是,亚里士多德的作品并不是非常稳定的东西,历经千年没有任何改动。它们不仅在漫长的历史中经历了诸多版本和文本上的改动,而且也是当下正在进行的哲学研究的一部分。我们阅读《尼各马可伦理学》的方式与一百年或者一千年前的人们不同。我们问出不同的问题,也得到不同的回答。但是这并不意味着这部作品允许我们做出任何阐释,好像没有任何有效性的标准。然而,那确实意味着,想要给出对《尼各马可伦理学》的终极解读,如实和确定地表达它包含的全部真理,不过是黄粱一梦。谁宣称存在这样的解读,谁就是在自我欺骗,特别是当他们宣称自己拥有这样的解读时就更是如此,因为他们误认为自己可以完全摆脱自己的哲学偏见,把这个作品本身的意思呈现出来。我的这个导读并没有这样的自欺,我只能承诺在我做出的阐释选择之下尽可能清晰。

为什么要在全世界早已为数众多的亚里士多德伦理学导论中再增加一本呢?我认为这本导论有如下特点:

第一,它建立在对《尼各马可伦理学》大量文本的分析之上。我希望用这种方法实现多个目标:(1)向读者展示这个文本本身的美,它的文学特质,它惊人的精确性和论证的简洁性;(2)避免使用从语境中抽取出来的简短篇章,从而避免断章取义的误读;(3)展示一种理解和解密文本的方法。

第二,本书涉及的问题范围很广,既有所谓的"欧陆哲学"关心的问题，也有来自分析哲学的问题。它包括了像海德格尔（Martin Heidegger）、伽达默尔（Hans-Georg Gadamer）、阿伦特（Hannah Arendt）、利科（Paul Ricoeur）这样有代表性的现象学和解释学家提出的阐释，也包括了像安斯康姆（Elizabeth Anscombe）、赫斯特豪斯（Rosalind Hursthouse）、努斯鲍姆（Martha Nussbaum）、麦金泰尔（Alasdair McIntyre）这样有代表性的德性伦理学家的阐释，还有像麦克道尔（John McDowell）和维金斯（David Wiggins）这样有代表性的道德实在论者的阐释。

第三，本书并不尝试用一种历史的和中立的方式展示亚里士多德的观点，而是要为他的观点**辩护**（同时也认识到有些观点需要被抛弃），既用哲学的方式辩护，也基于我们共享的伦理经验进行辩护。

第四，本书的重要材料来自我在2017年制作的慕课，这门课面向没有哲学经验的人们，本书也不要求读者具备哲学经验。我只保留了少量脚注，参考文献放在每一章最后，文本在一定程度上保留了口语的风格，也会经常提到前面和后面的内容。本书以类似纪录片的方式展开。它跟随着读者提出问题和疑难、逐渐获得的知识、带有开放性的预期、失望或者兴奋，它把所有这些都用叙事的方式结合到一起。

如果本书可以用清晰和可信的方式为亚里士多德伦理学的原则辩护，可以手把手地指引缺少经验的读者穿过《尼各马可伦理学》的文本，同时鼓励他们转向文本本身（即便不是真的转向文本，至少觉得不这样做有所缺憾），我就会认为它取得了成功。因为哲学本身就是一种阅读文本的艺术。

第 1 章

幸福与人生目的

1.1 人生与行动

《尼各马可伦理学》是一部**实践**哲学（practical philosophy）著作。这意味着，它承诺去回答人生如何才能实现幸福的问题（我随后会解释为何如此）。要回答这个问题，我们想到的肯定是幸福（*eudaimonia*）都包括些什么？如果我们暂时接受亚里士多德的立场，认为恰当的人类生活在于有目的行动，我们就能理解《尼各马可伦理学》为什么在一开始（I.1①）问的是我们要从事哪些种类的活动。

一个如此宽泛又如此模糊的问题听起来可能会有些奇怪。

---

① 亚里士多德的《尼各马可伦理学》被分成 10 卷（我们今天可能会称之为 10 章，用拉丁数字标识），每一卷又被分成章或节（用阿拉伯数字标识）。为了更确切地定位要讨论的文本，我们使用亚里士多德著作的标准版（Immanuel Bekker 在 1831 年编辑的《亚里士多德全集》[*Aristotelis Opera*]）。《尼各马可伦理学》始于 1094 页，每一页有两栏（用 a 和 b 标识），每栏有大约 35 行。因此我们在引用亚里士多德的著作时会使用卷 – 章 – 页 – 栏 – 行的标识，比如 I.1.1094a4。本书使用的英文版为 C. D. C. Reeve & P. Kontos eds., *Aristotle: Complete Works*, Indianapolis: Hackett（尚未正式出版）中收录的《尼各马可伦理学》。

我们先把所有的行动分成两大类。第一类我们称它为"制作"（production, *poiêsis*），最简单的例子就是盖房子，只要我还在盖房子，这个房子就还不存在，当建造过程完成时，再去盖它就没有意义了。如果我们用"产品"（work, *ergon*）来指行动的结果，那么只要制作过程还在进行，它的产品就尚未存在；从产品存在的那一刻起，这个行动就已经停止了。在某种意义上，这样的过程是"自杀性的"，为了产品能够实现出来，过程必然要停止。

我们的人生中充满了这样的活动，我们建造房屋、写诗、制琴、治病等等。某些活动是彼此伴随的，某些活动是等级序列中的一部分。比如，我们制作砖头、建造房屋、规划社区和城市。在这里第一个过程服务于后两个，第二个服务于第三个，我们制作砖头是为了满足建房者的需要，等等。亚里士多德称最后的行动为"主导性的"（architectonic），因为虽然它不能替代前面那些行动，但是给它们提出了各种各样的要求。比如，城市规划师本人不需要同时是一个建筑师。这里重要的是价值的序列：主导性的活动在价值上更高，因为它定义了服务于它的其他活动和产品的形态和价值。事实上，如果我们问自己为什么要制作砖头，我们的回答肯定是，因为砖头有价值所以制作它们也有价值。它们有价值因为建房子的人需要它们，等等。

这样看来，制作性的活动并没有内在的价值。它们的价值是由某些外在的东西决定的，也就是产品的价值，而这些产品的价值又来自那个它们在其中发挥作用的主导性过程。但是在我们这个例子里，即便是那个主导性的过程也还是一种制作，城市规划师知道如何构造城市，然而他需要其他人来解释人们为什么要生活在城市

第1章 幸福与人生目的

里，城市规划中政治性和社会性的决定因素是什么。假如还有一个更具有主导性的制作过程制作了进一步的产品，我们就会有一个无穷的序列，而说不出为什么这些事情有内在的价值。

我们还会面对另一个障碍，那就是在很多情况下，它们的价值关系是双向的。我们可以考虑一个医生和一个将军的产品。有时候，医生会要求将军保护医院免受敌人的攻击，另一些时候，将军会要求医生给敌人下毒。这时，我们不清楚哪种技艺是服务性的，哪种是主导性的。还有一些情况，不同的制作过程不可能彼此协调。比如，在大学教书这个制作过程和照顾花园的过程，看起来仅凭它们本身，无法进行任何评价性的比较。

因此，假如我们的生活仅仅是由制作构成的，它们之间就没有内在的一致性或者内在的价值。

幸运的是，我们还会做第二种亚里士多德称为"行动"（action）或"实现活动"（activity）（praxis 或 energeia）的事情。[①] 实现活

[①] 阅读亚里士多德的著作时我们遇到的困难之一是，他经常用同一个词表示两个不同的含义，一个广义一个狭义。比如，他虽然把人的所作所为区分成制作或者过程（kinêsis）和行动或实现活动（energeia），但是有时候也把人们**所有的**所作所为都称为"行动"或"过程"。对于我们的讨论而言，重要的是知道亚里士多德如何界定"潜能／能力"（dunamis）和"实现活动"（energeia）这两个基本概念。在《形而上学》IX.8 里，亚里士多德论证，实现活动"在论述上（in account）和实体上（in substance）都是在先的（prior），而时间上它在一个意义上在先，在另一个意义上不是这样"。"在论述上在先"：为了解释"能够建造"是什么意思，我们需要知道建造实际上包括什么。"在实体上在先"：为了某个潜在是人的东西能够实际成为人，也就是被生出来，必须要有一个现实的人，也就是一个父亲；或者为了获得演奏里拉琴的能力，必然要有一个现实的里拉琴师教我们，我们也需要实际进行演奏。"在时间上在先"：在一个意义上，没有之前的建造能力，我们就不可能实际建造，但是也必然有一个实际的建造者教我们，或者实际存在建造的技艺。

动与制作活动不同，它们的价值来自它们自身，而非产品。我们考虑一个例子：一个勇敢的行动是这样一个实现活动，它的价值在于雅典士兵判断他们在打的这场战争是正义的，克服了自己的恐惧并且获得了信心。我们不是根据他们是否打赢了这场战争，也就是根据行动的结果来判断他们是否勇敢；因为那样的话，我们就会把他们看作胜利的生产者。我们根据他们行动的理由和行动的方式来做出判断，这些都在行动中体现出来。

然而，即便我们接受一些行动的价值在于它们自身，我们依然不清楚这为什么会导致一种带有等级的关系。我们有两个明显的困难。第一，我们还没有表明勇敢本身是一种价值。怯懦的士兵也做了同种行动：他们也是根据是否克服了恐惧来加以评判的。为什么一个怯懦的行动就是坏的呢？第二，在亚里士多德实现活动的例子里，不仅有道德行动，而且还有像观看这样的事情。也就是说，观看的价值就在于这个行动本身。在观看的时候，我们在持续地做相同的事情（而当我们建房子的时候，我们可以定义出距离最终产品远近不同的阶段），并不产生这个行动之外的结果，当这个实现活动停止时依然有一些东西保持在那里。如果我们离得越来越近、从很多不同的角度观看，我们可能会看得越来越清楚，也可能或多或少变得模糊。但是当我们持续做这个实现活动，我们总是在做着相同的事情：观看。然而，用相同的价值天平来称量勇敢的行动和观看的行动还是有些奇怪。

虽然我们把人类的所作所为划分成两个范畴，虽然行动看起来更适合回答关于人生价值的问题，但是我们还不知道哪些行动是真正有价值的。《尼各马可伦理学》就是从这个根本性的问题开始的。

1.2 幸福与政治学（I.2）

人们以两种方式追求"目的"（*telos*）：或者是像道德行动和观看那样内在地追求，或者是像建房子那样外在地追求。每个目的都是一种好（good），代表的是我们为了它而做某些事情。建造者建造房屋因为房屋被看作好的，盗贼偷盗因为他们把赃物看作好的，等等。根据我们目前所知，如果我们想要研究什么赋予了人生价值或好，那么我们就要去探讨那些具有内在价值的实现活动。

然而，因为很多事情都具有行动的形式，因此有很多内在的目的，而这时我们要问：什么是**最好的东西**或者**最高的好**，也就是我们用来衡量实现活动并给它们排序的标尺。我们把这个最高的好称为"幸福"，并且暂时接受这个词指的是完全或完满的德性行动，因此它可以成为我们评价自己行动的标准，因此也是评价我们人生价值的标准，判断哪些行动更值得我们追求。然而，亚里士多德认为，在我们回答幸福是什么之前，必须要明确，哪门科学最适合处理这个问题：

I.2.1094a18-b7：【1】如果可以用行动实现的东西里面有某个目的是我们因为它自身之故而想望的（wish）[①]，我们因为它想望其他东西，我们不是为了其他东西而选择所有东西……那么很清楚，这就是那个好，也就是最好的好（the best good）……

[①] 我会在本书 2.4 节解释想望（*boulêsis*）。它是一个术语，我们要了解它在亚里士多德的文本中是如何被定义和使用的，由此来了解它的含义。

【2】如果是这样,我们必须要努力至少用概要的方式(in outline, *typôi*)① 把握,好是什么,以及它应当属于哪些科学或能力。②
【3】它看起来是最主要的和最具有主导性的。政治学(*politikê*)看起来就是这样。【4】因为它规定了在城邦里哪些学科需要存在,城邦里的每一类人要学什么,学到什么程度……因为它利用其他的实践科学,此外还立法规定要做什么禁止什么,它的目的限定了其他学科的目的,因此它就是那个人类的好。

让我们基于目前已知的内容来理解这个纲领性的说法。亚里士多德说,"有一些可以用行动实现的东西":如果人生有某种价值,它肯定来自我们做了什么,也就是说它以人的行动作为实现的形态。它不是神的礼物,不是来自自然,也不是来自好运。根据【1】,给人生赋予价值的东西是我们为了它自身之故而不是其他东西而选择的行动,也就是说,它是行动而非制作。但是此时我们进入了某个更加模糊的领域,是不是有最好的或者最高的好,我们不可能想象任何更高的证成或者更高的价值来解释它呢?我们此前称这个好为"幸福"。然而我们甚至还没有表明这个好存在,或者它是一个东西而不是很多东西。

像【2】继续说的,如果确实有这样一个最高的好,它就是科学考察的对象,而不是灵感或者制作性知识的问题。如果我们想要定义什么价值或者好是所有其他有关人生的价值和好的基础,我们

---

① 我会在本书 2.7 节解释"概要"的意思。
② 我会在本书 2.5 节解释为什么科学是一种能力。

第 1 章　幸福与人生目的

需要知道去研究哪门科学。

根据【3】的说法，那门科学就是政治学。它是完全主导性的科学，所有其他科学都服务于它。别忘了，没有任何制作性的行动和知识能够凭借自然发挥这样的作用。相反，政治学是一门实践性的科学，因为它研究人的行动，并给它们分类。因为它要去组织我们的行动，也组织我们作为制作者要做什么。

然而这个答案远非自明，因为不管是在古希腊哲学还是在今天的道德哲学里面，有很多科学都会挑战政治学宣称的这个地位。亚里士多德会反对一系列竞争者：(a)反对柏拉图的观点——关于"好"的知识是知道"好"这个（永恒的）理念，因为理念在人类事务中并没有直接的或者具体的应用；(b)反对首要的价值是能够产生无限财富的知识（《政治学》I.9）；(c)反对斯巴达对于战争技艺的高扬（《政治学》II.9）；(d)反对智者（sophists）宣称他们拥有政治科学（《尼各马可伦理学》X.9）；(e)反对关于人类心理和生物的知识（也就是关于人类自然和人类灵魂如何运作的知识）可以教会我们最高的好是什么（《尼各马可伦理学》I.7，VII.11）。亚里士多德要反对所有这些，他很明确地说，关于最高的好或者幸福的问题是政治学的问题，然而他并没有否认政治学需要一些关于心理和生物的知识，或者我们所谓的经济学知识，甚至是天文学和神学知识。

政治学的首要性来自"它最具有主导性"这一事实。【4】解释了这种主导性的本质：因为它决定和命令，立法规定我们需要什么科学以及需要到何种程度，我们必须要学什么以及学到什么程度。乍一看，这些措辞会让当代读者感到困扰，意思好像是科学领域以及科学家并不是独立的,而是受到政治学的控制,政治学以某种方式利用它们。此外,这么说好像人生中没有任何行动不是被置于政治学的决定之下,这样看起来好像没有给我们的私人生活留下任何空间。但是我们不必如此仓促。亚里士多德到目前为止的论证仅仅是假设性的:**如果**有某个科学知道最高的好是什么,或者知道幸福在于什么,那么认为我们私人生活的某些方面被排除在幸福的领域之外就很愚蠢。政治学把握的最高的好并不是装了各种具体的好的水池,或者各种具体的好的总和,也不是给其他科学制造规则和行动清单的权威,最高的好就像一个框子那样**限定**个别的好。我们不知道这样的政治学是否存在。然而,如果它存在,那么就存在一个知道幸福是什么的科学。

> **离题话:始点**(starting-points, *archai*)
>
> 政治学与幸福之间的关系不仅仅告诉我们一些关于幸福的东西,还保证了政治学的科学性质。因为根据亚里士多德的认识论,如果政治学想要成为一门科学,就必须要有自己的始点,由此可以证明或者推论出进一步的真理(《前分析篇》I.30.46a17-28)。一段很重要的话做出了下面的区分:
>
> > I.3.1095a30-32:然而我们一定不能忘了从始点(*archai*)出发的论证和朝向始点的论证是不同的。
>
> 第二种,也就是朝向始点的论证是作为政治学的《尼各马可伦理学》和《政治学》里面给出的论证。这些论证不是演绎式的证明,而是被显明的(shown)。第一种论证,也就是从始点出发的论证,是根据

> 前面的内容推论出结论。这种论证也出现在《尼各马可伦理学》和《政治学》中，但不是在这里。我们之后会看到，公民们会做出这样的论证，政治家和立法者也会给出这样的论证。因此这些人也必须要知道政治学的始点，从而在他们的人生中加以运用。因为存在政治学的始点，我们的目标就是发现它们。在这个阶段，我们只需要知道"幸福是始点"（I.12.1102a3）就够了。幸福的**定义**是一个始点，它不会被改变或者修正，而只能被澄清。

1.3 不同的人生选择（I.5）

我们还不知道真正的幸福是什么。因为我们刚刚开始好奇，可以在多大程度用科学的方式讨论幸福，我们首先需要一些经验性的材料才能进行理论性的思考。我们需要确定那些与关于人类幸福的理论问题有关的现象在什么领域。这个领域就是人生。

I.5.1095b14-1096a5：【1】人们似乎从他们的生活中得到他们关于好，也就是幸福的看法（这一点都没有不合理之处）。一般人，也就是没有教养的人，认为那是快乐。因此他们喜欢的生活是放纵的生活。有三种生活看起来非常显眼：我们刚提到的那种快乐的生活、政治的生活，第三种是沉思的生活。【2】一般人似乎是完全奴性的，因为他们决定的生活是吃草的牲畜的典型生活。【3】更有文化的人（*charientes*）和行动者会决定选择荣誉，因为这大体上就是政治生活的目的。然而，它看起来比我们追求的东西更浅薄；【3a】因为它似乎掌握在给予荣誉的一方而非获得荣誉的一方……【3b】人们追求荣誉似乎是为了确定他们是好人，至少他们追求被明智的人、了解他们的人授予荣誉，追求因为德性被授予荣誉。很清楚的是，至少在他们看来，德性是更好的。【3c】……但是即便德性[作为目的]看起来也是不完全的，因为在睡觉时或者一生没有行动也可以拥有德性，【3d】或者在承受最糟糕的坏事和厄运时[也可以拥有德性]。【4】第三种生活是沉思的生活，我们会在后面加以讨论。

根据【1】的说法，试图回答关于幸福的问题，恰当的起点是人生。这么说有两个理由：第一，假如完全理论性的分析不能对我们实际的生活产生任何影响，我们就不该认为它可以解释什么是幸福，这就好像自然科学家构造出了理论但是却无法解释自然现象。第二，只关注单个的行动也是危险的；相反，人生的概念包括了某种统一性，我们很快就会看到这一点。

如果我们给人生做大体和宽泛的分类，包括人们所有的生活方式，那么一共有三种。

第一种是追求快乐的生活，它基于看起来让人们奴性、不自由、让人只能过动物式的生活的快乐，仅此而已。因此，它不是关乎任何种类的快乐，而是关乎动物性的或者野兽式的身体快乐。这种快乐的特征是它们与当下直接联系，而无法把握未来的目的。几行之后，我们会看到，这种生活包括了某种自相矛盾，虽然它是人们选择去过的生活，但是选择了它的人却像动物一样生活（参见本

第 1 章　幸福与人生目的

书 6.5 节）。关于人类的这种败坏，我们之后会了解更多。

第二种是政治生活，它包含了我们在一个组织起来的政治共同体里和他人相关的行动。对于这种生活，我们——至少是所有聆听或阅读《尼各马可伦理学》的人们，都多少有所经验。但并不是所有人都可以回答政治生活的德性是什么。

【3a】提供了对这个问题的第一个回答——荣誉，也就是公共的承认，认为它是政治生活的根本价值。然而，基于我们已经了解的内容，这个回答肯定是错误的。因为幸福是实现活动，而公共的承认不是我们自己做出的活动，它是别人给我们的，我们只是接受它而已。此外，【3b】指出，要让承认有价值，承认我们的人本身必须是有德性的，也就是有价值的。如果再加上我们配得上这种承认，我们就会看到，承认依赖很多因素。说到底，它依赖德性。但是这个说法也需要得到证成，因为德性是一个复杂的概念。毕竟，一个成功的窃贼，也就是总能够成功盗窃的人，也具有某种意义上的德性——让他成为好的窃贼的德性。在【3c】里，亚里士多德指出了另一种歧义性：德性可能仅仅是拥有（正义的人在睡觉的时候也是正义的），也可能是实现活动的性质（人们只有在做正义的行动时才充分展现他们的德性）。在睡觉时和行动时人们有同一种德性，但是就像我们看到的，德性的定义依赖相关行动的定义。而这是那些对政治生活进行分析或者过着政治生活的人经常会忘掉的，因为他们更愿意把德性理解成永远拥有的，而非总是需要通过行动加以巩固和确认的。此外，【3d】还补充了一点，这些人没有看到政治生活的德性不是来自好运，而是展现一种应对运气的方式。这也是为什么人们经常会混淆生活得好/幸福（*eudaimonia*）与

好运（*eutuchia*）[*]。

所有这些依然有些模糊。然而，我们看到政治生活在两个层面展开：第一个是简单的层面，它诱使人们认为政治生活的核心是荣誉；另一个是更高的层面，它吸引那些认为政治生活的中心是德性的人（这既适用于公民的政治生活也适用于那些拥有政治权力的人）。因此，我们可以在政治生活之中看到某种区分。即便我们反对荣誉是最高的好的内容，德性是最高的好的恰当内容至少到目前为止依然应该被看作有效的。

然而，奇怪的是（这个点直到最后都会"奇怪地"萦绕在我们脑海里），对于亚里士多德而言，政治生活**不是**一个人可能过的最完满的生活。最完满的生活是理论生活，而它的高峰是沉思活动（contemplation, *theôria*），也就是实际进行的理论思考活动。*Theôria* 这个词有很多含义，比如（a）运用关于永恒和不可变的事物始点的知识，这些对象是神学、天文学、数学这些严格意义上的理论知识的对象；（b）运用像生物学这样的自然科学知识，虽然它们处理的是可变的对象，但也是理论性的知识；（c）运用关于制作和道德行动的知识；（d）包含某种知识和判断的任何理性活动，比如有教养的戏剧观众的活动。在当下的语境中，沉思生活与政治生

---

[*] 希腊文的"幸福"（*eudainonia*）是由"好"（*eu*）加上"神灵"（*daimôn*）组成的，字面意思是"有好的神灵眷顾"，因此并不取决于我们自己的努力，这也是希腊人常见的对幸福的看法，但是亚里士多德显然不认为人的幸福取决于神灵，而是取决于自己的实现活动。"好运"（*eutuchia*）是由"好"（*eu*）加上"运气"（*tuchê*）组成的，运气确实不是我们可以掌控的力量，带有很大的偶然性，亚里士多德认为，一个有德性的人虽然也会受到运气的影响甚至打击，但是会尽可能好地利用运气这种偶然因素。——译注

活相对,应该被理解成(a)或者(b)的含义,指的是投身于相关的理论活动的生活(不管这个"投身于"意味着什么)。

在做出了这个澄清之后,沉思生活令人生疑的本性也就显露了出来。第一个疑难是,实际从事这些理论科学保证了人们的幸福,然而这些科学本身却并不研究人类的幸福,因为它们根本就不处理人类事务。政治学才处理人类事务,但是我们已经了解到,政治学并不能保证最完满的幸福。这样看来,我们要实现最完满的幸福,反而要把目光从人类事务上移开。

第二个疑难来自《政治学》里的一句话,那里说理论生活是一种退出政治领域的生活或者是与政治领域切断了联系的生活:"异于和脱离于政治共同体的生活"(VII.2.1324a16-17)。从这个角度看,沉思生活看起来和人的本性以及它的政治性存在矛盾,迫使人的本性超越它自己。

第三个疑难来自沉思生活与政治生活之间可能产生的矛盾。虽然沉思生活被认为是最完满的,但是政治生活被认为拥有更多权力,至少就拥有政治学知识的人而言。因此,这两个立场如何协调一致,那些拥有更大权力的人怎么能够接受有人比他们地位更高?如果那些拥有政治权力的人只体验过政治生活,他们如何能够认识到沉思生活的价值或者至高性?

这些疑难对于我们和对于亚里士多德来说都是根本性的。《尼各马可伦理学》意在澄清这些问题,最终在第十卷里,他会对幸福以及沉思生活与政治生活的关系给出自己的解决方案。

关于人生的事实还有最后一点需要注意:在《尼各马可伦理学》和《政治学》里,这个经验性的基础都被说成是 *hoti*(是什么,

that），或者 *hyparchonta*（实际发生的，what actually happens），它是政治学的确证领域："实践问题中的真必须要从产品和生活的角度判断，因为这些拥有主导性的投票。当我们考察人们之前说了什么，我们必须要考虑它给产品和生活带来了什么，如果与这些一致，我们就应该接受，如果冲突，我们就应该认为它们仅仅是些言辞而已。"（X.8.1179a18-22）确证政治学结论的唯一方式就是考察它们是否与整体的人生一致，因为单个行动并不总是能够清楚地表明一个人是否幸福。在《政治学》里，要考虑的经验基础，也就是 *hoti*，更加宽泛：当时的和古老的政体、人们直接认识到的和从历史知识里了解到的政体、成功的和失败的政体，所有这些都会被包括进来（X.9.1181b15-22）。

1.4　赚钱的技艺（《政治学》I.8-9）

到目前为止，我们可能会有这样的印象，亚里士多德讨论的这些问题依然相当开放。确实如此。然而，我们最好不要低估已经了解到的东西，也就是我们为什么要反对把放纵的生活看作幸福的候选项。这是一个非常重要的收获，特别是在这同一个语境中，亚里士多德也反对另一个关于幸福的答案：把焦点放在积累财富上的那种只想着赚钱的人们的生活（I.5.1096a5-7）。他称这种生活是"被迫的"，把它与生物性的需要联系起来。在这里他没有说更多。但是他在《政治学》里完成了关于这一点的讨论。考虑到在21世纪，经济与政治的关系是影响每一位公民的重要问题，亚里士多德在这个问题上的看法依然与我们的生活密切相关。这里的问题是：

第1章 幸福与人生目的

经济是不是可以代替政治，那些拥有赚钱技艺的人是否有资格代替拥有关于我们应当如何生活的实践知识的政治哲学家或者政治科学家？

亚里士多德说经济学是积累财富的技艺（*chrêmatistikê*）。它是关于如何带来财富的技术性知识。他把这种知识区分成好的和坏的财富积累，把后者称为"商业技艺"（*kapêlikê*）。这种技艺不仅关注财富的获得，而且为了财富本身，把拥有货币作为主要的途径（而不管货币可以带来什么生产活动或者带来对哪些好东西的使用）。问题在于，基于我们已经了解到的，我们是否可以给出论证，反对那种认为赚钱的技艺足以代替政治学的人。

《政治学》I.9.1257b23-1258a14：【1】用这种赚钱技艺获得的财富是无限的。【2】因为就像医学的目标是无限的健康……而促进这个目的的东西不是无限的（因为目的是所有东西的限定），就这种赚钱的技艺而言，目的是无限的，因为它的目的就是这种财富，即拥有金钱……【3】他们这样想的原因在于，他们看重的是活着，而不是活得好。【4】但是即便那些以活得好为目标的人也会追求促进身体上的满足……【5】如果他们不能通过赚钱的技艺获得财富，他们就会用其他的方式，不是按照自然运用他们的能力。因为勇敢并不是要制造财富，而是在面对危险时制造信心，统帅术或者医学也不制造财富，而是制造胜利和健康。然而这些人把这些都变成了赚钱的技艺，认为获得财富就是目的，其他所有都必须促进这个目的。

【1】解释了坏的赚钱技艺以获得无限的财富为目标，因为它认为任何数量的财富都是不够的，没有一个限定，一旦超过了这个限定，拥有财富就没有价值甚至有害了，在他们看来，更多财富总比更少好。反对坏的赚钱技艺最恰当的方式，就是去破坏它所宣称的那种财富的无限价值。而这正是【2】的核心观点。

要理解无限财富包含的内在矛盾，我们需要将它与医学这种制作性知识进行比较。有两种方式理解医学，一种是把它理解成像建造一样的技术性活动，这样它就和三种有限性的概念联系起来：(a) 健康并不是某种无限的或者不确定的东西，而是由人体的自然定义的（这是由定义限定的）；(b) 如果医学是一个技术性的活动，它也受到时间的限制，当病人好转治疗就结束了，恢复健康之后还继续治疗是愚蠢的；(c) 医学受到工具的限制，因为健康的本性和治疗也受到医学技艺所需工具的定义。

另一种理解医学的方式是把它当作一种知识，目标在于无限的治愈，也就是治愈任何病人。只要还有病人，就会有医学这种制作性的知识。如果某一天全世界的人都不再生病，那么医学作为制作性的知识也就无须存在或者变得毫无意义了。相反，只要疾病的问题依然存在，医学就始终以恢复健康为目标。因此，我们就区分了医学作为一种制作性技艺的有限本性，与医学作为一门知识的无限本性。

坏的赚钱技艺内在的矛盾就在于它混淆了这两者。它认为从始至终拥有的都是无限的要素，就好像赚钱在时间上、在把财富当作某种好来定义上，或者在获得的手段上都没有结束之时。而出现这个错误的原因就在于【2】指出的，坏的赚钱技艺的目标是不

第1章　幸福与人生目的

断积累财富，下一桶金的价值总是胜过上一桶金，没有止境。因此，没有任何一笔财富可以代表最终的价值，没有一个终点可以给达到它的整条道路赋予意义；没有哪一点可以让获得财富这件事停下来。这就是矛盾所在，就好像一个医生在病人被治愈之后依然宣称要继续治疗。好的赚钱技艺会知道作为一种制作性知识，它不能定义目标财富的数量，它只知道如何最好地获得财富。我们需要政治性的或实践性的知识，而不是制作性的知识，来定义什么才是真正足够的财富，也就是可以促进幸福的财富数量。当这一点实现了，再获得更多的财富就会破坏幸福本身。如果经济学的技艺宣称自己应该承担政治学的角色，它就是在宣称自己拥有双重角色，既是制作性的知识又是政治性/实践性的知识，而这就意味着它的目的既在相关的行动之内，又在相关的行动之外，而这是荒谬的。

【3】指出了这个说法的不合理之处：认为赚钱的生活保证幸福的看法甚至没有理解在生物意义上的"活着"（*zēn*）和只有人能够享有的"活得好"（*eu zēn*）之间的差别。本质上讲，他们把自然生活的无限性（体现在生死的无限循环上）赋予了他们自己的生活，而没有意识到这种自然的无限性与人类的好是什么、活得好是什么、幸福是什么无关。因此在《尼各马可伦理学》I.5 的讨论中，亚里士多德把赚钱者的生活与自然的必然性联系起来。

这也解释了为什么赚钱者的生活被包括在放纵的生活之中——虽然我们可能会认为它是某种政治生活（因为财富和财富交换发生在政治共同体之中），把它和单纯的自然生活联系在一起。

【4】诉诸我们的日常经验来加强这个论证：如果你让这些人回答什

么是幸福的问题，让他们有兴趣的东西，也就是他们从中获得快乐的东西，并不是财富本身，而是他们可以通过财富获得的构成放纵生活的肉体快乐。

我们可以从坏的赚钱技艺的另一种症状中看到这些人对真正的好漠不关心，这个症状就是坏的赚钱技艺剥夺了人类行动中真正的好，并且把它们所有都变成了赚钱，就好像将军并非把胜利当作目的，医生并非把健康当作目的，而是所有的实现活动都用财富作为衡量标准。这意味着，当我们用经济学的技艺代替政治时，它无法组织人类行动，并且尊重这些行动的恰当目的，因为它会破坏它们的本性，也就是它们的好。用经济学的技艺代替政治技艺是政治上带有喜剧性的和危险的想法。

1.5 幸福的标准（I.7）

我们的目标是定义幸福，在I.5里面我们已经达到了某种结论，把不同的人生当作我们的经验基础。然而，这种进路也只能把我们带到这里了。我们还需要一些标准帮助我们用更精确的方式去回答幸福到底是什么的问题。让我们称之为**形式化的标准**，因为在第一卷里它们并不能告诉我们幸福是什么，而只能**告诉我们要如何构造它**。这些标准就像语法或者句法规则一样，规定着我们对幸福的概念化（conceptualization），这些规则尊重或者再现了幸福本身的结构。

在考察这些标准之前，我们先来看看已经获得了什么。我们知道了幸福与人的实现活动或行动联系在一起，而这些行动是由它们的目的（*telos*）定义的。因此，要评价人的行动，我们需要比较性地评价它们的目的。这样，我们就要对这些目的进行分类，一个基于完满性的以最高目的为归宿的等级序列，这个最高的目的是完满的目的或者完满的完满（perfect perfection, *teleion telos*）。我们肯定会问，有什么形式化的标准可以帮助我们比较目的吗，人类行动的目的真的可以比较吗？亚里士多德在下面的文本中给出了三个形式化的标准：

I.7.1097a30-1097b20：【1】我们说，内在地值得追求的东西比因为其他东西而值得追求的更完满，从不因为其他东西而值得选择的东西比既因为自身又因为它而值得选择的东西更完满，因此，最无条件地完满的东西就总是内在地值得选择，而绝不会因为其他东西而值得选择。幸福看起来最像这样……【2】从自足性（self-sufficiency）上显然也能得出相同的结论，因为完满的好看起来是自足的。【2a】然而，我们说的"自足"并不是对于某个独自生活的人的自足，而是普遍而言对于父母、孩子、妻子、朋友、同胞公民的自足，因为人依据自然是政治性的……【2b】我们认为，自足本身让人生值得过并且无所缺失，幸福就是这样的。【3】此外，我们认为，当幸福不是被当作诸多事物中的一个，它就是最值得选择的。但是如果它被放在它们当中计算，那么很显然，哪怕加上最小的好也会更值得选择；或者增加的东西会带来更多的好，对于好而言，更大的总是更值得选择的。

幸福为什么很重要？

【1】里面的提到的标准看起来让人困惑，亚里士多德在区分三种不同的好。我们可以称第一种为**工具性的好**，我们选择它们是为了其他的东西。比如，工匠制作马嚼子，马嚼子有价值是因为它们对骑手而言有用，如果这种有用性不再存在，那么马嚼子也就不再有用。这是最低等级的好。另一些好可以说是**复合型的好**，它们既因为本身又因为对某些其他东西有用而有价值。比如，公共的承认本身是有价值或者美的，但同时它也在工具的意义上有用，因为它让我们更容易从事有价值的政治活动。这意味着虽然它很重要，但是它不如作为目的的那个好有价值。因此，问题就在于，是否存在一些好，它们本身有价值，但是完全不服务于进一步的目的。这个完全不服务于更好目的的好就是**完满的好**。我们不知道这些完满的好是什么，有很多还是只有一个，甚至不知道它们是否存在。到目前为止，我们只是在探索这个问题，既然存在好的等级，必然存在一个或多个最高的好作为顶点。

我们所知道的最高的好的唯一例子就是幸福，因为我们认为问幸福服务于什么目的是不合理的，因为它解释了所有其他的好而没有被它们中的任何一个解释。"你为什么想要幸福？"或者"幸福的目的是什么？"这样的问题看起来完全无需回答。然而正是这一点让幸福如此难以把握：一个在任何时间都更值得选择，而且仅仅因为它自身而值得选择的好，是很难理解的。不管怎样，这第一个标准并没有给我们任何关于幸福内容和可能性的观点。

【2】讨论的标准来自我们共有的经验，它把完满性与自足性联系在一起，如果某物需要其他东西，那么它就有所缺失，因此不是完满的。自足可以用两种方式理解。一种是【2a】里面描绘的

情况^①，即一个自足的人脱离政治社会独自生活。但这个理解是错误的，这种自足对于人来讲是不可能的，既在生物学的意义上不可能，因为没有人是自己长大的，我们需要父母；也在社会的意义上不可能，因为没有人可以由于自然的因素在脱离政治共同体的情况下完全成熟。因此【2b】给出了另一种理解，把自足理解为，有了它人生就值得选择，不需要任何额外的东西。然而，这又引向了一个死胡同，不管一个行动多么自足，人至少都需要健康和营养，从而可以实现自己的行动（X.8.1178b33-35）。因此，将完满和自足等同，必然要用一种更加具有灵活性的方式重新表达，对人类而言，一个行动越是自足，它就越完满，即便最完满的行动对我们来讲也**不是**绝对自足的。绝对的自足是神的特权。

要用最精确的方式理解人类行动的自足，我们必须要引入"外在的好"（external good）这个概念。它们是一些有价值的东西，但是它们的价值外在于与之对应的行动。亚里士多德说的财富就是一种外在的好，因为如果我们负担不起生活所需，就需要花全部时间去追求物质性的好，而无暇从事其他活动。在这个意义上，财富影响着全部人生，并且保证了亚里士多德心目中的闲暇（scholê）：不必被迫为了生计奔忙，而是可以致力于我们认为重要的或者有意

---

① 【2a】这句话的句法有些出人意料。我们期望中的与独自生活相反的是和朋友、孩子等在**一起**的生活。然而亚里士多德并不是这么说的，而是把自足归给了孩子、父母等。这么说很奇怪，特别是因为包含了孩子。但是不管怎样，他的意思是我们意料中的。或许我们应该把自足理解成必然包括了某人的孩子和父母，或者我们孩子或者朋友的遭遇不可能让我们无动于衷。现在最古老的《尼各马可伦理学》的注疏者阿斯帕西乌斯（Aspasius）就是这样理解的（*CAG* XIX: 16.11-22）。

义的行动。财富还在另一个意义上是外在的好：只有当一个人拥有一定的物质财富可以给予他人时，他才是慷慨的。当然，慷慨的价值并不来自物质财富，然而物质财富也是"给予"这个行动的组成部分。慷慨的行动依赖财富，如果没有财富，他们的自足性就会受到减损。因此，第二个标准让我们去寻找最不依赖外在好的行动。

在【3】里面讲到的第三个标准不太容易理解：在所有的行动中，最值得选择的行动不是和与它比较的其他的好放在一起计算的。否则，假如可以在幸福（H）之上加上某个好（G），那么就会得到 G+H > H，因为两个好的和总是大于其中任何一个，而不管 G 的初始价值多么小。这样一来，每个人就都会想要得到幸福加上某个其他东西，而这与幸福是最高的好相矛盾。*

因此，亚里士多德就要说明，我们不能把幸福和某个其他的好想像成 G+H 的样子。可以用两种方式理解这一点。一种是主张幸福与其他的好种类完全不同，这样一来，幸福就不能因为加上了其他好而变得更好，所以 G+H 就是毫无意义的，就像我们说"猫 + 2"没有意义一样。第二个策略是认为，幸福说的不是某一个行动，而是全部有价值的行动的总和，也就是所有好的总和，因此没有任何好在这个总和之外，也就没有任何东西可以加在幸福之上。第一个阐释经常被称为"排他论"（exclusivism），第二个被称为"包

---

* 也有学者认为，【3】给出的不是一个独立的标准，而是对"自足性"的进一步说明，即这里说到的"自足"不是简单的量上的毫无缺失。如果这样理解，亚里士多德在这里就是给出了两个（而非三个）界定幸福的"形式化标准"。——译注

容论"(inclusivism)。在 I.7 里面，亚里士多德并没有明确支持任何一种阐释，虽然坚持自足的概念，以及提到最好的和最完全的德性，可能会被认为是暗暗支持第一种阐释。重要的是，我们有一条形式化的规则反对 G+H 是比 H 更大的好。

不管怎样，我们考察的这三条规则并没有把我们限制在对幸福**内容**的任何具体理解上，它们只是给出了幸福的语法和句法规则。

1.6　人的功能与德性（I.7）

我们继续讨论《尼各马可伦理学》I.7，还要继续处理一些准备性的问题。讨论完标准之后，亚里士多德接着说，我们需要更清晰地了解幸福是什么。那些形式化的标准是不够的，这促使我们采取一种新的进路。然而，文本提醒我们不要对这个新的研究期望太高："**或许**，如果人的功能得到理解，我们就可以得到结论。"接下来的论证被称为"**功能论证**"（function argument）。"功能"（*ergon*）这个词有一些模糊：它有时候指的是一个对象本质性的活动，比如锯的功能是切割，因此如果一个东西不能很好地切割，它就不是一把（好）锯，就像一个木头做的手的模型并不是手；而另一些时候，它的意思是活动的结果，也就是产品，比如建造房子这个行动的结果。在我们接下来要讨论的段落中，这个词的意思是前者。有了这些准备工作，我们就可以来理解 1097b25-1098a20 这段非常重要的文本了。

【1】就像笛手、雕塑家、所有的匠人，以及普遍而言有功

能和行动的东西，它的好（the good）也就是做得好（the doing well）似乎就在于功能，对人而言也是同样的，如果他确实有某种功能。是不是可能木匠和鞋匠有某些功能而人完全没有呢？他依据自然是不是无所事事呢（idle）？

这段话给出了一个类比：我们可以接受每个匠人都是由某种功能或某种行动定义的，所以会问是不是可以接受某种普遍性的论述，不是去考察具体的行动而是讨论普遍而言的人类行动。如果每个东西都是由熟悉的功能定义的，那么对人来讲也是如此（如果在具体的功能之上还有某个属于人的功能）。亚里士多德在这里使用了匠人的例子，而不是在讨论功能时更喜欢的工具的例子（比如刀的功能是很好地切割），正是因为他的目标是用类比得出一个普遍性的结论。这个普遍性的结论提醒我们在 I.1 看到的那种服务性的技艺和主导性的活动之间的关系，在那里政治学规范着服务性的、制作性的活动，从而让我们不至于陷入一种不断寻求更进一步的制作性活动的无穷倒退之中。

当然，从另一个角度看，这个例子具有误导性，因为没有任何东西可以保证我们想要的这个普遍性的结论，因为我们很难从各种具体的行动中推论出统一的人类功能，不同的功能可能是不相容的，比如一个人既盖房子又当笛手，而前者会伤害后者所需要的手指的灵活性。除此之外，例子里的行动是制作性的，因此想要得出普遍性的结论就需要弥合在制作性活动和严格意义上有内在目的的行动之间的裂隙。因此我们还需要第二个类比的帮助：

第1章 幸福与人生目的

【2】或者就像眼睛、手、脚,以及普遍而言每个部分都有某种功能,我们也可以给人设定某种超出所有这些的功能吗?

这是一个身体的例子,从而可以纠正我们在之前的例子里看到的缺陷,在身体上有各个部分的统一性,也有各个部分与整体的相互依存。如果身体在整体上是健康的,它的各个部分就应该恰当运行,同时,如果各个部分恰当运行,整个身体也就是健康的。此外,这个例子提醒我们一些很容易忽略的东西,如果不考虑人类有某种特定的自然本性、特定的身体和思维能力,我们就不可能讨论人类的生活。如果没有关于人类这种身心复合物的基本知识,我们就不可能推论出幸福到底是什么。

然而,这并不意味着关于人类幸福的问题要通过单纯的生物学或心理学来回答。假如是这样,我们就应该删掉技艺的类比,整个讨论也会与此不同。而且因为亚里士多德的生物学和心理学确实知道人是什么,我们也就应该期待它们对幸福的问题给出最终的回答。**但是 I.7 完全没有提到这些**。而且我们已经在本书 1.2 节中看到,亚里士多德把回答这个问题的任务交给了政治学或者政治哲学,而不是生物学或者心理学(他在 I.13.1102a18-26 表达了相同的看法)。此外,身体的例子本身也存在问题。用身体的统一性来比较人生的统一性看起来存在问题,这不仅因为前者是由自然本性定义的,而人生的统一性依赖我们自己的行动和决定,而且因为我们人生的统一性必然是通过时间以及我们对时间的意识来塑造的,而我们身体的统一性可以用共时性的方式来理解。因此,我们应该把这两个例子看作互补性的和辅助性的工具。亚里士多德的论证继续进行：

> 【3】那么这可能是什么呢？因为活着显然是植物也分有的，而我们在寻找人类特有的东西（*idion*）……剩下的只能是拥有理性的部分的某种实践性的生活。

这段话也没有定义人的功能。它只是排除了一些错误的答案，也就是用来定义其他生物的功能。显然，要定义人的功能预设了我们要去找到某些人类特有的东西。比如，如果我们说人活着就是为了吃喝，那么我们就没有指出任何可以把人区别于其他动物的性质。然而，这个说法并没有将吃喝从灵魂理性部分的活动中排除出去，因为吃喝也可以被描述成理性的行动。比如我因为某种东西好吃或者有营养，并且我有权吃（它不属于其他人）而选择吃它。与此类似，如果我们和某个神圣的存在分享某个共同的实现活动（比如理解的活动），那么人的功能就必然是用特定的和独特的方式来运用理解。不管怎样，理性行动的范围很大，这个论证的目标并**不是**区分出它们中的某一种。到这里我们已经接近结论了：

> 【4】那么，如果人的功能是灵魂符合理性（in accord with reason）或者不是没有理性（not without reason）的活动，而我们说某种事物的功能与那个种类中卓越的事物的功能相同（就像里拉琴演奏者和卓越的里拉琴演奏者），而当我们在功能之上加上符合德性的卓越（因为里拉琴演奏者的特征是演奏里拉琴，而一个卓越的演奏者的特征就是演奏得好），这一点在所

第1章 幸福与人生目的

有情况下都是无条件成立的……

这个非常复杂的句子来自一些我们已经知道的东西：人的功能在于某个或某些活动，而不在于（比如说）能力或者状态。亚里士多德在 I.8.1098b31-1099a5 重复了这个关键性的澄清，那也是一个暗示，表明在 I.7 中并没有达到最终的解决方案。幸福不是能力或者状态，就像在体育运动中，并不是最好的运动员获得奖牌，而是实际参与并展示了自己运动能力的运动员里面最好的。

然而，亚里士多德还是增加了一个更加精细的区分。我们必须要考虑实现功能最完满的方式。这是根据相应的德性实现的。这个类比也是从生产性的活动领域借用的。坏的和好的里拉琴师都在从事相同的活动，他们演奏里拉琴，如果我们已经知道演奏里拉琴意味着什么，那么唯一不同的就是活动的**质量**。然而如果我们不知道演奏里拉琴意味着什么，如果我们是第一次听人演奏里拉琴，而这个琴师碰巧水平很差（差到技术完全错误，声音也非常难听），那么我们就会对**这种**活动产生错误的印象。而这就是我们在定义幸福时遇到的情况，因为我们暂时对它还没有清晰的认识。

以同样的方式，在我们尝试定义人类功能的时候，需要关注那些以卓越的方式实现它的人，也就是以德性的方式实现它的人。那些没有以同样的德性实现它的人作为人就不够"好"。这么说听起来或许非常大胆。亚里士多德让我们以一种中性的方式去看待它："坏人"应该在"坏的"里拉琴师的意义上理解，也就是没有充分发挥相应的功能，仅此而已。这里无需进一步分析幸福在人生中的位置，就像我们无需分析把里拉琴演奏好（*eu*）对于里拉琴演奏者来说是不是有好处（eu）。幸福包含好，这仅仅是从技术化的意义上，即与人本身对应的功能的意义上说的。真正的幸福是不是大多数人认为对他们好的东西，这个问题并不是这个论证的一部分，也没有出现在论证的结论之中：

> 【5】如果所有这些都是这样，那么人类的好就是灵魂符合德性的活动，如果有不止一种德性，就符合最好的和最完全的德性。

就像在【4】里面，【5】强调的也是人类的好是灵魂的好。因为就像亚里士多德随后会提醒我们的（I.8.1098b12-15），有些人只是把不同种类的好堆在一起，倾向于把人的好混同于身体的好或者外在的好。因此，他们忽略了灵魂的好才是最高的好，因此是这些好决定了活动的质量。因此，我们确实学到了一些确定的东西：幸福必然要与灵魂的好相关。**在其他方面，我们依然一无所知。**我们还不知道构成人类功能的具体的灵魂功能，也不知道哪些德性是这个功能特有的。我们甚至不知道我们是在寻找一种功能和德性，还是很多种。

幸福是"灵魂符合德性的活动"，这么说的意思不可能是"幸福"告诉我们那个活动是什么。"幸福"是最高等级的好的"占位之物"（placeholder）。功能论证意在表明只有符合德性的理性行动可以成为那个层级的幸福的候选项。

这个论证的结论并没有满足我们的预期。它只是为我们把幸福和活动、德性联系在一起做好了准备。在第一卷剩下的部分，唯一

第 1 章　幸福与人生目的

新的要素就是幸福与**幸福的生活**或**幸福的人**之间的区分。对于后者而言，需要满足两个进一步的要求。第一个要求紧接着【5】：

>【6】此外，要在完整的一生中，因为一只燕子或者一天不带来春天。与此相似，一天或很短的时间也不会让一个人达到幸福和至福。

我们并没有预料到这个带有诗意的结尾。此前我们只是怀疑，如果不提到某种时间上的统一性，就不能定义幸福。然而，"在完整的一生中"到底是什么意思却可以有多种不同的阐释。但是有一些阐释是我们需要排除的。比如，"完整的一生"不可能意味着某种生物学意义上的完满，好像幸福的生活必须要达到平均预期寿命；它也不可能意味着人生应该拥有像我们在悲剧中看到的那种严格的统一性和一致性，没有什么可以增减（《诗学》8.1451a32-35）。因为那样的话，一个不幸的事件、一个坏的行动，甚至没有完成某个德性的计划，都会让我们的人生陷入无可挽救的不幸之中。相反，"一只燕子不带来春天"不仅意味着幸福的人生不可能被还原为孤立的幸福瞬间，而且意味着偶尔的糟糕经历或者行动并不会让我们的生活陷入不幸，至少不是必然陷入不幸。我们不应该认为"完整的一生"指出了第二个附加的目的，一个超出我们幸福，或者和我们的幸福并列的目的，好像人生的完整性没有被包括在幸福本身之中。

我认为应该这样理解亚里士多德所说的幸福人生：第一，一个幸福的人生需要价值的等级序列，不是说有一个我们在每时每刻都瞄准的永恒目标，而是说它帮助我们评价所有其他的活动，从而在我们的各种活动和目的之间建立某种融贯性和前后一致性（我会在本书第9章回到这个问题）。第二，幸福的人生并不是有很多活得好的时刻、很少活得不好的时刻，因为幸福的人生根本就不是一个简单的加总，它有一个叙事性的结构：幸福不仅取决于幸福时刻的总数，而且取决于我们记忆中过去的不幸时刻或者我们期待的未来时刻如何统一这个幸福人生的叙事。

重要的是，这里需要的那种统一性不是通过我们今天所谓的心理强度（psychological strength）或存在强度（existential strength）实现的，它们依赖我们对过去和未来的主观立场，或者由于过去痛苦的意识带来了可欲的结果。把不幸、失败或错误的行动统摄进入幸福生活的叙事只能通过我们现在和未来的行动实现，它们可以纠正或者补偿我们之前的错误行动和失败，或者防止未来的错误和失败（I.10.1101a9-13）。如果一个人为过去的行动追悔莫及，那么他不可能过幸福的生活，他无法把这些行动看作和自己的品格、个人的完整性（integrity）相容，并且这些行动的后果是以某种方式不可补偿的。未来也是如此。人生的幸福与某种统一性联系在一起，虽然这是一种带有灵活性的统一性，可以有修正、弥补、惊喜等。问题在于，在这个地方我们还不知道德性在什么意义上使得我们可以**正确地**建立起这样一种统一性。

幸福生活的第二个必要条件是对我们人生的掌控感：

> I.10.1101a14-16：有什么妨碍我们称这样的人"幸福"呢？他的行动符合完满的德性，有充足的外在好，不是在一段随意的时间而是在完整的一生当中。

一个幸福之人的行动不仅符合完满的德性，还有足够的外在好。因此，虽然幸福的定义依赖完满的行动和它特有的德性，但是幸福之人的定义比这个更加全面，包括了完满行动在我们这个世界所能实现的所有必要条件。我们在上一节提到的"自足"在这里又强势回归。外在的好对于**有德性的人**成为幸福的是必要的。虽然幸福并不在于这些好，但是幸福的人生"不可能没有外在的好而存在，而它们是好运的结果"（《大伦理学》II.8.1107b16-18）。换句话说，外在的好位于从德性到幸福生活的路径之上。拥有外在的好给了我们一种掌控感或者安全感，让我们有机会把时间投入我们钟爱的行动，并且以最快乐的方式去做这些行动。

现在我们知道：没有符合德性的理性行动就不可能实现幸福。然而我们依然不知道德性是什么，或者哪些理性的行动是最值得做的。第一卷没有回答这些问题。但是它给我们提供了在后续内容里提出和回答这些问题的蓝图。

拓展阅读

关于亚里士多德的"政治科学"概念，参见 Reeve, 2014: xix-lvi；关于挣钱的技艺，参见 Meikle 1994；我对功能论证的理解与 Barney 2008 和 Lawrence 2006 一致；Heinaman 2007 很好地讨论了《尼各马可伦理学》I.8-13 里有关幸福论述。关于意义与幸福，参见 Wolf 1997；关于"完整的人生"这个说法的不同阐释，参见 Kraut 2018: 148-235。

第 2 章
伦理德性

2.1 理智德性与伦理德性（I.13, II.1）

我们已经了解到，幸福在于合乎德性的行动。但是我们对于最高的行动的追求却好像进入了死胡同。我们是不是要去研究德性是什么？这么认为是合理的，因为在日常行动中，我们相当熟悉各种德性。此外，希腊文里的 *aretê*（德性）几乎可以应用到任何事情上：它指那些使得某个有功能的事物成为那个类型里好的事物的性质，不管这里说的是人、动物还是像工具这样的非生命体。这就是为什么它也和卓越、成功这样的概念联系在一起。但是我们从哪里可以找到与政治学相关的德性呢？

在古希腊思想中，不管是柏拉图还是亚里士多德，都喜欢给灵魂做出划分，并确定每个部分的德性。当然，有很多种方式可以划分灵魂，亚里士多德根据自己的研究提出了不同的划分灵魂的方式。①

---

① 比如在《论灵魂》III.9，亚里士多德提到了柏拉图对灵魂的三分，理性计算的部分（rationally calculative）、意气的部分（spirited）、欲望的部分（appetitive）。但是《论灵魂》强调的重点在运动、感觉和想象（*phantasia*）（III.9.432a15-17）。在《尼各马可伦理学》中，灵魂的划分在第六卷完成，在那里亚里士多德又把理性部分划分成了两个部分。

第 2 章　伦理德性

在这里，他提出了一个二重的区分：一个部分是 *logon echon*，也就是理性的部分，它使得我们可以思想或推理；另一部分是 *alogon*，也就是非理性的部分。

非理性的部分又被进一步区分为两个子部分，一个仅仅和我们生物性的或物理性的功能有关，我们会感到饥饿、会长高、会呼吸等。这些与伦理学无关，因为它是与植物和动物共享的，不是人类特有的，因此与伦理德性无关：我们不会因为自己生长或消化而是有德性的。非理性部分的另一个子部分是欲望的（*epithumêtikon*）或欲求的（*orektikon*）部分。这部分不仅包括我们称为欲求的部分，而且包括我们所谓的感觉（feelings，亚里士多德的 *pathos* 也经常被翻译成 passion [激情] 和 emotion [情感]*）或倾向（inclinations）。比如所有像愤怒、嫉妒、恐惧这样的情感，都属于灵魂的欲望部分。这部分本身没有理性，但是可以服从理性或不服从理性。虽然我们都会愤怒，但是我们可以比他人更多或更少愤怒，或者我们有或好或坏的**理由**愤怒（我们会在稍后讨论这一点）。因此，让我们采纳这个区分——一个是理性的部分，另一个是欲望的部分，而不考虑那些与身体功能相关的部分。

II.1.1103a14-18：德性有两重，一个是思想的（*dianoêtikê*）另一个是品格的（*êthikê*）。思想德性主要来自教学，也主要由

---

* 作者倾向于把 *pathos* 翻译成 feeling（中文译为"感觉"），译者倾向于用 emotion（"情感"）的翻译，因为"感觉"过于笼统，与各种感官获得的"感觉"难以区分；而且亚里士多德在伦理学语境下讨论 *pathos* 的时候，通常都是指愤怒、恐惧这些更狭义的"情感"状态。——译注

教学促进，那就是为什么它需要经验和时间。品格德性来自习惯（ethos），这确实是它名字（êthikê）的来源，就来自 ethos 的变体。

亚里士多德在思想德性（理智德性）和品格德性（伦理德性）之间做了二分，补充了理智德性通过学习获得，因此需要经验和时间；伦理德性从习惯获得。然而，这些解释却并不稳固。比如，我们需要注意，理智德性也是状态或习惯（hexis）：医生拥有医学的知识（我们暂且接受这种知识是某种理智德性），这意味着他们获得了理智能力或技能，这种能力或技能分享所有状态共有的稳定性。此外，理智德性也并不是全部通过学习获得的，伦理德性也预设了某种教学，比如通过父母或城邦的整体计划，这些计划是由立法者设定的。时间的要求也是一样：伦理德性也需要时间才能获得（至少是从幼年直到成年，即便不是延续一生）。此外，我们在后面会看到，为了得到理智德性，我们必须要首先拥有伦理德性，反之亦然，伦理德性也需要预设我们拥有某些理智德性。因此，它们之间的关系极其复杂，需要进一步展开。

然而，即便如此，这个区分也很有价值，因为我们不可能平行地分析伦理德性和理智德性，我们必须要从某一种开始分析。最恰当的是从伦理德性开始，因为我们更熟悉它们，每个人或多或少都对诚实、友爱、正义有所了解。一个额外的理由是，伦理德性（至少在某种意义上的伦理德性）是在人生中首先获得的，而理智德性的获得要晚得多，有些甚至要等到中年才能获得！

我们需要注意，因为伦理德性与某些理智德性是相互依赖的，对前者的理解如果没有后者就不可能最终完成。因此,《尼各马可伦理学》的二至五卷必然不够完整,对伦理德性的探究没有最终完成。这也是为什么在那里涉及的很多主题要在之后几卷里面再次提到,决定(prohairesis,或经过思虑的选择)、思虑(bouleusis)和快乐(hêdonê)是最显著的例子。

2.2 伦理德性与快乐(II.2-3)

伦理德性与恶性表明了哪些事情是我们(必须要)追求的,哪些是我们(必须要)避免的。比如,节制的德性解释了有德性的人为什么避免过度的肉体快乐。正义的德性表明为什么正义的行动会给正义的人带来快乐而不义的行动会给他们带来痛苦,因此他们追求正义的行动而避免不义的行动。这给出了充分的背景去理解下面这段关键的文本:

> II.3.1004a33-1004b5:【1】……通过免除快乐我们成为节制的人;【2】成为这样之后我们也最能免除快乐;勇敢也与之相似,因为如果我们习惯于蔑视可怕的事情、忍受它们,我们就成为了勇敢的人,成为这样之后,我们就最能够忍受可怕的事情。【3】我们必须把随附于一个人行动的快乐和痛苦看作他状态的标志。

这段话表明了在品格状态(也就是德性或恶性)与快乐之间关系的三个不同方面。在【1】里面,我们看到,快乐或痛苦是立法者或教育者的**工具**，可以把伦理德性灌输到年轻人之中。比如，规定孩子与肉体快乐之间的关系，我们可以让他们准备好在人生的某个时刻获得节制的德性。这个过于简单的论述并不会掩盖这个问题的复杂性。比如，快乐可以被理解成快乐的胡萝卜或者快乐的阳光。在熟悉的奖惩模式中，我们把快乐当作胡萝卜，不认为学生们可以理解某事（比如勇敢或正义）拥有内在价值的理由。快乐的阳光是我们认识到一个正义行动所拥有的道德之美，部分原因在于我们已经知道了它拥有内在价值的理由。这两种快乐之间似乎有某种裂隙：如果前者本质上是机械性的，那么就无法解释我们如何从前者过渡到后者。为了解决这个疑难，我们需要一个更精细的对习惯化过程的论述（我会在本书 2.5 节讨论这一点）。

在【2】里，快乐是一个"**加倍器**"（multiplier），帮助某个具体的行动变得更加容易。勇敢的例子很有说服力，那些已经拥有勇敢德性的人可以很容易地面对任何环境（在人忍耐的限度内）和任何导致痛苦的情况；拥有正义德性的人在正义的行动中感到快乐，快乐加强了他们做正义行动的动机。为了理解这一点，我们需要注意某种品格状态是"第二自然"。虽然亚里士多德自己从没有用过这个说法，但是它很好地把握了状态/习惯如何运作。此外，亚里士多德还引用了诗人艾维纳斯（Evenus）的诗句："因此习惯事实上很难改变，因为它就像自然，就像艾维纳斯也会说的：'习惯就是长期的实践，朋友，这最终会成为人的自然。'"（VII.10.1152a30-33）

自然的东西就是或多或少无须费力的东西，容易与快乐或者避免痛苦总是相伴而行的。亚里士多德在《修辞学》里这样说："习

第 2 章 伦理德性

惯是令人快乐的,因为习惯了的东西就好像已经变成了自然的;因为习惯是某种类似自然的东西,事实上经常发生的东西很接近总是发生的东西,自然属于总是如此的,而习惯是经常如此的。此外,不被强迫的是令人快乐的,因为强迫是与自然相反的"(《修辞学》I.11.1370a5-9)。然而我们需要注意,与简单和无需费力相伴的快乐既不是与胡萝卜相似的快乐(它将我们引向外在的奖励或惩罚)也不是与太阳相似的快乐(它认可理性的阐发)。

【3】补充了快乐的另一个角色。它是某人是否拥有某种品格状态、是否拥有德性或者恶性的"**确定者**"(identifier)。一个真正正义的人并不是某个单纯做出正义事情的人,而是那些在做正义的行动时把这些行动感知为快乐的人(不是出于压迫或对法律的恐惧,或者为了获得社会认可而不得不承受的痛苦的手段,等等),或者看到他人做正义的行动也会感到快乐。虽然我们无法知道一个人是不是真的相信正义的价值,但是他们想要隐藏快乐或者在快乐上造假却并不容易,因为这并不在他们自愿控制的范围之内。这使得快乐成为"好"的极有价值的线索,它使得好变得可见。这种可见性可能会让我们觉得奇怪。我们现代人倾向于认为人类的灵魂以及我们真正的动机即便我们自己都无法参透,对于别人的想法就更是如此。但是对亚里士多德来讲,我们的灵魂对自己和他人要更加透明,而这部分就要归功于快乐与痛苦作为确定者的作用。

要更深入和更细致地分析快乐,《尼各马可伦理学》的读者需要等到第七卷,而我们会在本书第 7 章处理这个问题。

2.3 伦理德性的三个层次（《尼各马可伦理学》VI.13 与《政治学》VII.13）

在定义伦理德性的过程中，我们需要注意，可以用三种方式讨论它们。

第一个层次是"**自然的**德性"，每个人都有自然的倾向或潜能去获得某种伦理德性或者相反的恶性。比如，亚里士多德提到，我们不大可能遇到完全不想要快乐的人，孩子和老人并没有不同的倾向，等等。很显然，因为人们自然拥有的倾向去赞美他们是毫无意义的，因为要值得赞赏就意味着我们通过自己的努力做到了什么。然而，即便是关于人性的这点知识对于立法者决定人们在多大岁数可以开车或者喝酒也是非常重要的。因此，第一种讨论品格状态的方式是自然德性或恶性。

第二个层次是"**习惯化的**德性"（VII.8.1151a19），它是习惯的简单产物。我们可以通过学生的德性理解它。在老师的指导下，他们通过反复做相似的事情而获得这种德性（II.2.1103a31, 1103b6-13），就像我们在知道怎么弹吉他的人的指导下学习弹吉他（或者是通过听他们的教导或者是通过模仿他们的动作），我们可以获得品格德性。我们通过做正义的事情变得正义，因为这就是我们获得与相应的快乐和痛苦的稳定关系的方式。在这个层次上，我们不考察学生是不是真的知道正义为什么有价值，或者是不是真的可以自己判断在什么情况下需要正义。他们只是忠实地重复老师告诉他们的东西。因为缺少理性的证成和完全的责任，这个层次显然不是道德教育的顶峰。

第三个层次是那些知道为什么要做有德性的行动的人的德性。

第 2 章 伦理德性

亚里士多德称之为"**完全的德性**"（full virtue）。这是真正正义之人的德性（亚里士多德要在 VI.13 才讨论完全的德性，而我们会在本书第五章讨论）。

这三个层次的德性非常重要，立法者可以关注任何一个或者所有的层次。我们也可以用不同的方式把握它们。一种方式是把自然和习惯化的德性作为一组，因为它们的共同点在于拥有德性的人无法解释这些德性为什么真的是德性，为什么这些状态会对幸福有所贡献。只有那些拥有完全德性的人才知道为何如此。另一种方式是，我们也可以把第二和第三个层次合到一起，因为它们都需要理性，虽然习惯化的德性基于老师或立法者的理性，而完全的德性基于行动者自己正确的理性能力。但是不管我们如何给它们分组，获得德性显然都是在人类发展过程中的重要因素：

> **II.1.1103b23-25**：人们从小以一种还是另一种方式被习惯化，不是一个很小的差别，恰恰相反，那是一个巨大的差别，甚至是全部差别。

类似的文本使得一些学者认为，亚里士多德主张一旦一个人获得了某个状态（德性或恶性），就没有办法改变了，就好像我们永远只能拥有相同的状态。这就意味着亚里士多德认为品格状态是不可改变的和不可避免的。然而，这样的立场不仅与我们的日常经验相悖，也不是亚里士多德的观点。下面这段话把这一点说得非常清楚："人们因为三个东西变好或者变得卓越，它们是自然、习惯和理性。人们因为理性而违背他们的习惯或自然做很多事，如果他们被说服某种其他的方式更好"(《政治学》VII.13.1332a38-b8)。在这里,亚里士多德强调人们会因为**理性**违背他们的习惯或自然采取行动(也就是违背他们习惯化的或自然的德性),因为他们可能会认为某些内在于他们的东西(比如某个信念或态度)必须要改变。理性证成我们行动的能力,以及听取他人论证的能力,可以促使一个人抛弃坏习惯,用另一种状态逐渐代替前一种。因此,我们无须认为亚里士多德持有那种人们无法改变自己伦理取向的短视观点。他的观点仅仅是这很困难。通常是因为不利的环境,有时候也会因为坏的老师,还可能是因为在自然上有所欠缺。但是,原则上讲,使得这种变化不可能的唯一原因就是实践理性本身受到了不可逆转的破坏(我们会在本书 6.5 节看到这一点)。

2.4 想望与行动的目标(II.3, III.4)

我们还在为理解伦理德性的定义奠定基础。到目前为止,我们知道了,我们所有的行动,不管是德性还是恶性的行动,目标都是我们认为好的东西。但是我们需要一个更精微的对好的理解:

> II.3.1104b30-32:有三种选择的对象也有三种避免的对象:高贵(*kalon*)、有利(*sumpheron*)、快乐(*hêdu*),以及它们的反面,羞耻(*aischron*)、有害(*blaberon*)和痛苦(*lupêron*)。

这里有三对概念。第一对是高贵和羞耻,亚里士多德经常用 *kalon* 作为好的同义词使用,虽然它也有美学的含义。*kalon* 有好几

第 2 章 伦理德性

种不同的用法：(1) 秩序与对称（《形而上学》XIII.3.1078a36ff），不仅描述某物看起来如何，还有它的功能；(2) 对象的可见性，比如大小（《政治学》VII.4.1326a33-34）；(3) 在《修辞学》I.9 里，*kalon* 指的是人们为了他人的价值而牺牲自己的利益（比如为了城邦的利益）。在《尼各马可伦理学》里，*kalon* 通常意指道德上的美、高贵和吸引人。与此相反的是羞耻。

有利有两个意思。一方面，它可以指工具理性，在任何手段与目的的关系中，手段都被认为是对目的有利的或者为了目的之故。这对于所有人类行动都适用，不管是政治领域（比如雇佣律师为我辩护）、生产领域（比如用砖头和工人建造房屋），还是科学领域（用某个实验证明一个假说）。但这并不是我们关心的有利。我们关心的是我们的目的本身是不是好的，**因为**它们对我们有利，也就是说，好是否可以来自有利。我们从本书 1.5 节看到，这会导致某种用词上的矛盾：来自有利的好是那种来自工具性的好，因此是一种更低级的好。

从另一个角度看，有利与快乐相似（VIII.2.1155b17-21），因为当我们做某个有利的事情，就是在做一个对我们来讲快乐的事情。这样看来问题就是：所有人都做他们认为好的事情。有些人被**真正的好**吸引（也就是高贵的东西），另一些人被看起来好但实际并不好的东西吸引，也就是被**表面上的好**（apparent good）吸引，因为他们在那些缺乏高贵性的东西之中看到有用性和快乐。

然而，这个区分并不意味着高贵的东西不是有利的或者快乐的。恰恰相反，高贵的东西对于有德性的行动者而言是真正快乐和真正有利的。高贵不可能完全与快乐分离，因为快乐产生欲求，从而带来行动的动机（这并不意味着高贵排除了所有的痛苦，因为有时候为了实现某个高贵和快乐的目标，我们也需要做一些痛苦的事情）。

为了进一步理解高贵和快乐之间的联系，我们可以认为快乐和痛苦是所有动物都共有的。一只饥饿的动物寻找食物（食物是有用的和对它好的），当它找到了食物开始吃的时候就会感到快乐。人在吃东西的时候也会感到快乐，因为这满足了他们的需要。然而，在另一个意义上，人在吃到美味的和制作精美的食物时感到快乐，或者当我们和好朋友分享食物时感到快乐。如果仓促得出结论，我们可能会说，人们感到了两种快乐，一种是他们与动物共同的，另一种是**在此之上**有更多理性特征的。然而，说在一个人之内有不同的层次存在误导性，好像我们在某个分界点之下都是动物，而在那之上就是理性的主体，就好像有一些行动是我们像动物一样做的，而其他是作为理性主体做的。相反，没有任何东西以对于无理性的动物快乐或有利的方式对我们来讲快乐或有利，我们从头到脚都是理性的主体。

这样我们就可以理解亚里士多德说的想望（*boulêsis*）了：

III.4.1113a15-b2：【1】想望是为了目的，但是有人认为它是为了好，有人认为它是为了表面上的好；【2】对卓越的人来讲，[想望的目标] 是真正想望的目标；对于恶性的人来讲，它就是任意的东西。就像身体一样，对于身体良好的人来说健康的东西就是真的健康的，而对那些生病的人来说健康的东西就是不同的，苦的、甜的、热的、重的，以及所有其他也是如此。【3】因为卓越的人正确地判断它们每一个,真的东西对他来讲是明显的。因为每种状态有专属于它的快乐和高贵,卓越之人最突出的或许就是在每种情况下看到真的东西,因为他就是它们的标准和量度。【4】然而对一般人而言,快乐似乎带来欺骗,当它不是好东西时却显得是好的。

"想望是一种理性的欲望,理性的欲求"(《论灵魂》III.9.432b5):①我们认为某个东西是好的从而想望它。想望是为了目的,不管是真的好还是表面的好。

最后的这个区分至关重要,因为它帮助我们反对两种错误的对想望的阐释。第一种是苏格拉底式的理解,即想望或者用真正的好作为目标,或者就没有任何目标。另一种是普罗塔哥拉式的理论,根据这种理论,想望的目标就是人想要的任何东西,没有任何标准区分真正的和表面的。亚里士多德反对这两种阐释,在他看来,想望在所有拥有实践目的和做出道德决定的人那里都有,不管他们是否理解真正的好,但是这并不意味着真正的好与表面的好重合或者无法区别。

为了解释这个区分,【2】将表面的好等同于任何对我们显现为欲望对象的东西。比如,财富对很多人显得是真正的好,但是真正

---

① 参见《尼各马可伦理学》II.1.1103b4;《政治学》II.9.1269b20, 1270b1, 1270b21-22; II.10.1272a32-33; III.13.1283b37-38, IV.9.1294b34-40; IV.12.1296b15-16; V.9.1309b17-18; VI.2.1317a34。所有这些文本都确认"想望"在灵魂的理性部分之中。然而在《政治学》VIII.15.1334b22-25 亚里士多德说:"意气和想望,以及欲望从一出生就属于孩子,而理性的计算和理解则在他们长大之后才产生。"这里的"想望"是宽泛的含义,指普遍意义上的欲求。

有德性的人，着眼于某种精神上的健康，就像身体健康的人吃甜食的时候确实感觉到甜（而病人可能会觉得苦）。当真的好呈现在道德上卓越的人面前时，他们（几乎）总是不会犯错地辨认出它们。

【3】更具体地解释了卓越的人通过实践理性之眼和想望正确地做出判断和看清事物，而卑劣之人对真正的好是盲目的。卓越之人是真正的好的"标准和量度"。这么说的意思不是真正的好就是卓越之人感知到的任何东西，而是真正的好是某种客观事实（我们随后会看到这种特别的客观性），只有有德之人才能**辨认**出来。这样看来，卓越之人就不是使真者（truth-maker），而是真的觉察者（truth-detector）。相反，卑劣之人受到了欺骗。【4】告诉我们，这种欺骗是因为混同了好与快乐。真正的好确实总是快乐的，但并不是所有显得快乐的东西都必然是真正好的（快乐会扭曲我们的生活）。

2.5 伦理德性与中道状态（II.3-6）

现在我们终于来到了那个等了很久的问题："我们必须要探究德性是什么。"（II.5.1105b19）我们知道，伦理德性被归于灵魂的欲求部分，那里有欲望（比如肉体欲望和性冲动）和情感（愤怒、憎恨、恐惧、愉悦等）。情感是一些我们经历的东西，也就是对我们面对的场景做出的反应。当然，我们都有情感，可以感到愤怒、憎恨、恐惧等，我们都会对刺激做出反应，不管这些刺激来自我们的物理自然或者来自环境。德性与恶性是我们因之赞美或指责人们的东西，因此它们不可能是情感。然而，它们必然与我们管理情感的方式有关。

第 2 章 伦理德性

我们应该这样理解这种管理：一方面，它关乎我们与情感的关系，我们对它们的倾向（亚里士多德经常将德性与恶性和倾向联系起来）；另一方面，认为德性或恶性是某些自足的东西是错误的，因为德性和恶性要将我们引向行动。此外，它们将我们引向特定种类的行动。正义的德性让正义的人总是用正义的方式行动，而不是有时正义有时不义。这使得德性与恶性不同于亚里士多德说的"**能力**"。因为能力可以制造相反的结果，比如医生的医学知识拥有治愈和杀死某人的能力。

德性与恶性是"状态"（*hexis*）。这个词指出了某种稳定性，是针对我们的情感以及那些搅动我们情感的东西而确立起来的习惯或态度：不是感到恐惧或愤怒本身，而是感受到多少愤怒、什么频率、在什么时候、为了什么、关于什么等等。这些确定的态度、德性或恶性是我们以某种方式要承担责任的。当然这个责任不是绝对的，因为我们知道，德性与恶性是通过教育获得的，而责任在城邦、立法者、老师的手中。因此亚里士多德的伦理学试图平衡两个要求：很大一部分品格状态恰恰是因为我们生活在其中的政体而来的，我们不应该为此受到指责（这些是我们的老师、父母等接受的价值）；另一方面，成年人（必然）有能力通过他们的理性纠正或重塑品格（回忆一下前面提到的《政治学》VII.13 的文本）。

德性或恶性是一些状态，但是什么样的状态呢？首先，我们不应该认为品格状态是神秘的东西或者截然不同于我们关于自己已知的东西。为了避免这样的误读，亚里士多德经常提到三个关于状态的简单例子。第一个例子来自医学：人体的温度。某个具体的温度是身体的健康温度，当我们的身体处于那个温度周围，我们就是健康的。当某人的温度比那个温度低很多或者高很多，我们就认为他病了。第二个例子来自体育运动：我们如何训练运动员准备参加比赛。第三个例子来自雕塑：某个要被树立在巨大广场的雕塑一定要有一定的大小，如果太小没有人能看到，如果太大又会有碍观瞻。

这些例子并没有提供非常实质性的信息。它们告诉我们（就像亚里士多德在 VI.1.1138b29-32 说的），健康是医学规定的，什么对运动员好是训练师命令的。然而，它们确实给我们指出了三个正确的方向。第一，所有这些状态都包含着连续的量：更大与更小的数量、更多或更少的食物、更低或更高的温度等等。品格状态以及它们对应的行动也是这样：大怒或微怒、很大或很小的憎恨、给人很多或很少等等。第二，在所有这些例子里，为了知道正确的状态是什么，我们需要知道一些具体信息，具体的广场、具体的运动员等等。给不同的运动员安排相同的食物是错误的，更不用说给所有人（这与亚里士多德使用的术语"具体的"[*kath' hekaston*] 有关）。第三，虽然没有得到证明，但是这三个例子表明在每个情境中，中道都是恰当的，而那些极端，不管是太大还是太小，都是坏的和不恰当的。以某种方式，处于中道的温度是正确的温度，处于中道的营养是正确的营养。如果我们知道正确的营养是什么，就可以避免超出太多或者大大不足。亚里士多德使用"中道"和"极端"来指称这些不同的情况。极端就是过度和不及。不过我们可能会认为，这么说依然停留在表层。至少，康德就是这么看亚里士多德的中道学说的："一种肤浅的智慧，实际没有确定的原则。"①

---

① 康德：《道德形而上学》6:404n。

第 2 章 伦理德性

这样，我们就来到了亚里士多德著名的伦理德性的定义：

> **II.6.1106b36-1107a2**：德性是【1】一种状态，【2】是一种做出决定的状态（*prohairetikê*，或经过思虑进行选择的状态），【3】是一种相对于我们的中道状态，【4】它是由某种理由定义的，凭借这个明智者（*phronimos*）定义了它。①

【1】表明德性是某种**状态**，这一点我们已经清楚了。【2】说明德性是一种**做出决定**或**经过思虑做出选择的状态**，也就是与我们如何选择和做出行动有关。但是在这个阶段，我们还不知道经过决定或思虑的选择是什么，因此把它包括在德性的定义之中并不是很有信息量。【3】说的是中道，并且这种中道是"相对于我们的"。【4】是说它需要由明智或实践智慧决定。在这个阶段，我们还不知道明智是什么，也不知道它如何界定各种事情。因此，这个定义还没有得到澄清。一个很大的问题是亚里士多德给出答案的第六卷是否达到了我们的预期。

让我们先来关注可以理解的部分，也就是"相对于我们"。我们应该从三个层面理解它：第一，"我们"的意思必定是"我们人类"，比如，我们人类和动物、神会经历不同的快乐；第二，"我们"可以意味着性别、年龄、社会身份不同的人群；第三，这里有某种

---

① 亚里士多德文本的不同编辑者对最后这句话提出了不同的读法：有些人把它读作"通过它"（Bywater），有些人读作"以这种方式"（Susemihl）。后者可能会让我们得到错误的结论，认为明智者是使真者（truth-maker）。

程度的个别性，我们每个人、在特定的时间以及行动的特定环境。

伦理德性依赖"我们"这个要素，这一点似乎包括了某种相对性，从而让一些学者认为，亚里士多德支持某种道德相对主义，优先考虑性别、城邦、个人的特殊情况。这么看带有误导性。亚里士多德要平衡客观性的要求和不可避免的相对性。一方面，有一个理想状态，那是成熟的、男性成年人、在完美的城邦里得到恰当的训练，他获得了明智，并因此可以确定中道。另一方面并且同样重要的是，亚里士多德并没有忽略相对性的因素，用相同的标准要求所有人，不管他们是否出生在治理良好的城邦，不管他们是不是达到了成熟，不管他们是不是幸运地接受了正确的教育，都是极其不公平的，而且在政治上也是危险的。

在我们带着些许失望放弃德性的定义之前，让我们再看看一些周边的要素：

（1）"德性是中道，但是就最好的和做得好而言，它又是极端的状态"（II.6.1107a7-8）。因此，所谓的中道从评价性的观点来看（也就是从它配得到多少赞美的角度看）实际上是极端的。

（2）德性"能够命中中道"（II.6.1106b28）：当我们拥有了正确的状态，比如当我们正义的时候，我们就以正确的方式瞄准"中间"。当然，品格德性不是理智德性，不可能定义中间在哪里。然而，它们是一些经过塑造和培养的状态，从而可以几乎自发地朝向这个中间。这个中间是正确的，是真正好的："可以用很多种方式犯错……但是只有一种方式正确。"（II.6.1106b28-31）然而，这并不是说7是5和9之间的唯一中道，这样就会把伦理学变成某种它不是的东西——数学计算。每个场合下，可能有多种行动都能命中

第 2 章 伦理德性

中道。"只有一种"只是在强调这些不同的行动是可定义的,而极端是不可定义的。箭和靶的比喻是恰当的:我们命中箭靶上的很多点(虽然不是无穷多)都可以说是成功的,但是箭靶以外的点确实是无限的。

(3) 下面这段话做了进一步的补充:"但并不是每个行动或每种情感都有中道;因为在一些情况下,它们的名字在一开始就把它们和卑劣联系在了一起,比如幸灾乐祸、无耻、嫉妒,以及就行动而言通奸、偷窃和杀人。这些以及类似的东西——而不是它们的过度或不及——因为它们是卑劣的而被说成是这样。"(II.6.1107a8-13) 幸灾乐祸、无耻、嫉妒这些情感,通奸、偷窃、杀人这些行动看起来不可能是中道。因为当我们判定某人是通奸者,那么说"与五个人通奸是中道,因为其他人会有更多"听起来就非常具有喜剧色彩。相反,在我们判定某个行动是通奸*之前*,被指控的人可能会宣称他们没有通奸,因为他们是被迫的或者被欺骗做了某种性行为,等等。①

考虑到我们还没有德性与恶性的"定义性标志",也就是说我们依然不知道明智是什么,一些人会提出反对,认为亚里士多德对伦理德性的分析只不过是借用了他那个时代的道德信念或偏见,因此不适合指导在时间和状况上都与古代雅典相去甚远的现代道德思想或文化共同体。但是亚里士多德的伦理德性真的那么具有相对性吗?

有些人认为是这样的,他们的解释是亚里士多德的理论具有"双重依赖性":一个来自当时城邦的状况,另一个来自亚里士多

---

① 另参见《欧德谟伦理学》II.4.1221b23-25 和《修辞学》I.13.1373b38-a13。

德形而上学的基本原则。另一些人认为，亚里士多德的伦理德性并不是那么相对，因为亚里士多德确定了我们今天依然会考虑的所有与伦理德性相关的人类经验领域（即便我们对它们有着不同的感知）。比如，我们与快乐、身体、他人、物质财富的关系等等。

然而，亚里士多德立场中最实质性的部分，也是启发了现代"德性伦理学"的部分，是伦理德性在我们的道德生活和亚里士多德的政治学计划中都扮演着至关重要的角色，因为它们在三个不同但彼此联系的方面构成了起点：

第一，伦理德性的定义，也就是对它"本质和是什么状态的论述"（II.6.1107a6-7）是政治学的起点，就像幸福的定义是起点一样。

第二，好的品格状态是我们道德发展的起点（I.4.1095b4-7），因为没有它们我们就不能通达真正的好，因为他人的论证或建议经常让我们改变已经获得的态度。没有品格德性，就没有真正好的行动，这对于那些倾向于道德理智主义的人来说是重要的一课。

第三，从立法者的角度看，通过习惯化让人们获得好的品格状态是建立任何好政体的起点，也就是说要将公民同化到政体希望灌输给他们的价值上。

现在我们可以重新回到习惯化的过程，或者说"通过做来学习"（learning-by-doing）的过程。核心的文本是下面这段话：

> II.1.1103b6-22：此外，从相同的事情之中、通过相同的事情，每种德性得以产生和破坏。技艺也与此相似，从演奏中好的或坏的演奏者得以产生……假如不是这样，就不需要老师了，人们一出生就是好的或者坏的［工匠］。德性也是如此，

第 2 章 伦理德性

> 从我们与他人交往的行动中,一些人成为正义的,一些人成为不义的,也是通过在可怕环境下的行动,我们习惯于感到恐惧或自信,从而我们中的一些人成为勇敢的,另一些人成为怯懦的……简言之,状态来自与之相似的行动。

这段文本(我会在本书 4.4 节考察技艺的例子)给人们带来一种错误的对习惯化过程的理解,我们可以称之为"机械性观点"。根据这种观点,学习者只不过是以某种无脑的方式重复某些所谓的外在行动,他们的动机与奖惩有关,而不是被高贵本身也就是真正的好吸引。这种观点明显是错误的,假如亚里士多德持这种观点,那么他的习惯化概念就是错误的,会产生两个明显的漏洞:第一,假如这个过程不需要任何理性思虑或判断,它就不可能保证完全的德性,因为后者必然意味着实践理性的良好运作,也就是明智的德性;第二,假如习惯化的过程不要求我们在拥有完全德性的人那里看到的动机,也就是"为了高贵",那么就没有任何东西可以将奖惩的工具性与我们被高贵本身吸引连接起来。

因此,我们需要在习惯化过程中的理智部分和欲求部分之间建立某种连续性:学习者应该以某种方式运用他们的理智能力,应该以某种方式习惯于接近有德性之人的动机状态。我们会在本书第五章解释前者,至于后者,有三点需要强调:

第一,亚里士多德看起来在两种动机状态之间保留了一定的空间,一边是奖惩的外在性,另一边是以高贵为目标的完全的德性态度。比如在 IV.9,亚里士多德说,羞耻感会让年轻人保持克制,虽然他们还不是完全拥有德性并且通常按照感觉生活,他们的动机还不是完全的高贵，但是他们想象自己被人看到做卑劣的行为会感到羞耻。

第二，我们不应该过分强调在学习者的动机和拥有完全德性之人的动机之间的连续性。应该有某种发现的空间：学习者并不是单纯重复某些"外在的"行动，他们是作为行动者经历那些行动的。这就是说，"通过做来学习"的过程向行动者本人揭示了某些产生良好行动，以及从第一人称视角发现其真正高贵性的能力。①

第三，不管怎样，亚里士多德的习惯化过程在很大程度上依赖一个有德性的老师，他用**有德性的方式**去做有德性的事（参见本书6.2节的讨论）。因此，学习者被邀请去重复的并不仅仅是"外在的"行动，而是用和有德性之人相同的方式去做有德性的行动，带着热情、投入、快乐、不管外在的奖赏等等。

2.6　勇敢与豪迈（III.6-9, IV.3）

亚里士多德具体讨论了勇敢（*andreia*, III.6-9）、节制（*sôphrosunê*, III.10-12）、慷慨（*eleutheriotês*, IV.1）、大方（*megaloprepeia*, IV.2）、豪迈（*megalopsychia*，字面意思是"灵魂的伟大", IV.3）、温和（*praotês*, IV.5）、真诚（*alêtheia*, IV.7）、风趣（*eutrapelia*, IV.8）、羞耻（*aidôs*, IV.9，虽然它本身并不是德性而是一种情感）。我们重点关注两种伦理德性——勇敢和豪迈，第一个是因为它是最简单的，另一个是因为我们最陌生。

勇敢是亚里士多德讨论的第一种伦理德性。每个人都认为这种

---

① 可以比较亚里士多德在《政治学》VIII.6.1340b23-25 关于音乐教育的讨论。

德性非常重要,不仅在个人层面,而且在政治层面。讨论勇敢时,我们并不单纯是在说战争中的勇敢,因为勇敢显然与很多人类行动或者交往的领域联系在一起。此外,伦理德性不能只与特定的行动而不与特定的情感相联系。勇敢处理的是恐惧的情感——我们如何应对那些亚里士多德称为"可怕的事情"(*phobera*)和"引发自信的事情"(*tharralea*)。勇敢不仅表明人们如何应对即将发生的可怕事情,也关乎他们带着什么样的自信去应对。事实上,亚里士多德经常讨论这一对情感,恐惧方面的过度和自信方面的不足,或者自信方面的过度和恐惧方面的不足。我们已经知道,就像其他伦理德性一样,勇敢并不对应某一种行为,在所有的情况下对所有人提出相同的要求,它取决于是谁在行动、应对什么样的问题、有什么样的目的、面对什么样的危险等等。它包括正确地判断在给定的环境下,有什么样的目的、面对什么样的危险等等。勇敢既不是一种自动的、非理性的或者动物性的对恐惧的否定,也不是对于所面对的危险只表现出最小的恐惧。

豪迈乍看起来可能非常奇怪,有些学者认为亚里士多德对它的分析完全就是对豪迈之人的嘲笑,而另一些人认为只有哲学家才符合这个刻画。

"认为自己配得上伟大的事情并且确实配得上的人是豪迈的。"(IV.3.1123b1-2)这里有两个条件:一方面是豪迈者的价值,另一方面是豪迈者的期许。豪迈之人以两种方式期许伟大的事情:一个是做那些伟大的事情,也就是在那些涉及外在好方面尺度很大的事情(比如做一个慷慨的赞助人),而不期望得到回报;另一个是期许得到公共的认可或名声。

亚里士多德描绘的豪迈者的形象非常生动，我在这里只提几个特征：（1）他们可以忍受风险，因为他们考虑的并不是保护自己的财产免受未来的伤害；（2）我们不应该误解他们对待荣誉的态度，他们知道荣誉不是政治生活里面最重要东西，最重要的是德性，而他们已经拥有了德性。然而，他们因为自己做出的贡献期待得到认可，虽然认可对他们来讲并不是什么有价值的东西。（3）这就是他们为什么经常看起来有些鄙视他人。（4）他们还表现出了某种少见的诚实，亚里士多德非常恰当地说"他们公开表达自己的爱憎"（1124b26-27）：他们毫不犹豫地说出自己的朋友和敌人是谁，他们认为谁在道德上有价值谁没有价值。

"豪迈看起来像是德性的某种装饰（kosmos），因为它使得德性更加伟大。"（1124a1-2）字面来看，那些在城邦里做伟大事情的人确实让德性变得更加**可见**。我们可以通过比较豪迈之人和非豪迈之人来理解可见性的价值。一方面，一个要求很多东西但是并不配得的人是自大的、荒谬的；另一方面，谦卑之人（或者灵魂渺小的人）总是远离伟大的行动，就好像他们配不上这样的行动。一个本身有价值但是犹豫要不要去做伟大的事情或者要不要从共同体中寻求认可的人是不够卓越的。当然，亚里士多德并不是说这是某种道德上的恶，这只是某种不幸或者错误。那是一个不幸，因为它显得缺少动力和自信，缺少评价自己和要去获得本该属于自己东西的能力，最重要的是，它让人错失成就伟大行动的机会。

谦卑之人拒绝了他们本该在公共空间里获得的可见性；自大之人则徒劳无功地试图模仿豪迈者。或许模仿诚实的人、友好的人、正义的人还比较容易，但是试图模仿豪迈之人却可能让我们显得像傻瓜一样，因为那太过困难：行动过于伟大，也过于暴露在公共领域，因此在模仿中最小的错误都会立刻变得明显。行动越是伟大，模仿者的努力就显得徒劳。这就是为什么亚里士多德如此看重豪迈。

尽管如此，这里还有一个困难要去解决，那就是在亚里士多德看来豪迈者要拥有所有其他的伦理德性（IV.3.1224a28-29）。这是著名的德性的统一性难题，我会在本书9.5节讨论这个问题。

2.7 道德行动的构成要素（III.1）

现在我们需要绕一点必要的路。虽然我们从一开始就在讨论道德行动，但是我们还没有定义它们到底是什么。我们唯一强调的是行动如果脱离了所处的语境，就不能在道德上予以评价。行动本身是具体的。但是有哪些因素定义了具体的行动呢？我们在《尼各马可伦理学》III.1.1110b33-1111a7, IV.5.1125b31-32, V.8.1135a25-26, b13, b15-16；《欧德谟伦理学》II.9.1225b2, b6-7看到了相同的清单。*

（1）**谁**：谁是行动者？是将军、立法者、孩子、女性还是蛮族，等等？

（2）**什么**：行动者在做什么？比如他们是不是暴露了秘密（不管他们是不是知道那是秘密），他是不是杀了拉伊俄斯（不管他知不知道死者是自己的父亲）**？

---

* 事实上，亚里士多德在《欧德谟伦理学》中给出的"清单"与《尼各马可伦理学》有所不同，在那里只提到了针对谁、用什么、为了什么（或者做了什么）。——译注

** 这里指的是俄狄浦斯在不知情的情况下杀死了自己的父亲拉伊俄斯（Laius），这是亚里士多德在《欧德谟伦理学》中提到的例子。——译注

（3）**关于什么或者指向什么**：谁是行动的接受者或者谁承受了行动的后果？

（4）**用什么**：比如什么工具？很多时候行动的工具非常重要（一场谋杀可能使用刀、勒、折磨，但是语言可能也是行动的工具，比如辱骂他人）。

（5）**为了什么**：有什么样的目的？比如是为了救我的父母还是挣钱？

（6）**以什么方式**：比如是平静地还是激烈地，愤怒地还是平和地？

在定义一个道德行动时强调这些要素（而非外在环境）非常重要，即便在某个具体的情况下提到它们中的某一个可能无足轻重。这些因素中的一两个发生变化很可能会让行动拥有不同的道德性质，虽然乍一看可能相同，但实际上却大为不同。这意味着道德行动和道德经验的领域是**多样性的领域**：道德行动不会毫无变化地重复自己，因为我们不可能在我们所处的社会和政治环境里，在我们和他人甚至和自己的交往中，精确地预测这六个要素的无数排列组合。这解释了为什么没有关于如何行动的现成"菜谱"，而是有着无限的变化。与此同时，这个清单又穷尽了所有的要素（除了亚里士多德自己做的一个补充之外），因为我们在描述一个道德行动时没有其他需要考虑的要素了。

我们需要为亚里士多德做出一个修正：这个行动要素清单没有包括一个重要的构成要素——时间性。在具体行动中，时间是非常重要的，我们从本书1.6节的讨论中已经知道，时间对于完整的一生非常重要，这一点可以从三个方面看到：

> **III.1.1110a12-14**：［行动］在它们被做出的时候是值得选择的，行动的目的符合恰当的时机（*kairon*）。
>
> **IV.9.1142b26-28**：一个人可能思虑很久才得到结论，而另一个人却做得很快。因此前者还不是好的思虑。

前一段话指出，外在条件可能会迫使我们行动。在事件中的一个没有料到的变化，总是会让不同的行动成为值得选择的。因此（1）时间可能会在激发行动的意义上决定我们的行动。（2）时间可能与决定我们的目的相关。比如，将军必须要考虑时间要素，来决定攻击敌人的正确时机是什么（夜间还是白天，夏天还是冬天，等等）。或者，时间是我们的情感（应当）如何展现的构成要素，比如经过一段时间之后，有德性的人就应该消化自己的愤怒（IV.5.1126a24-25）。（3）时间性的第三个要素与思虑有关。我们之后会看到，思虑关乎考虑和选择最好的手段去实现目的。第二段话说明，快速决定经常是非常重要的，做出正确的决定还不够，没有及时决定可能意味着没有了行动空间，或者没有了正确行动的空间。迟到的决定就是**错误的**决定。

现在我们已经有了道德行动的全部构成要素。所有这些要素都要求我们拥有某种能力去正确地认识具体情况，它应当是某种感知能力（参见本书 5.3 节的讨论）。

> **离题话：大多数情况如此（*hôs epi to polu*）**
>
> 现在我们要澄清一个我们已经在第一卷里见到的问题，那就是政治学关于"大多数情况如此"（*hôs epi to polu*）。这个说法意在强调对象是必然如此的科学（神学、天文学、数学）与对象是大多数情况如此的科学（自然科学、政治学、生产性的科学）的区别。
>
> 不是必然的东西或者是任意的，或者是大多数情况如此的。前者是我们无法形成科学、不可能有任何知识的。比如，我去拜访你，正好有个欠我钱的人也在，他把钱还给了我。我想要去拜访你的认识里完全不包括这个欠我钱的人也在那里的事实。与此对照，大多数情况如此的对象拥有规律性。比如，在生物界，两个人结合可以生出一个人，但并不是所有的婴儿都有相同的健康状况，也不都是男性或女性，他们并不是都没有残疾。原因在于，在生物出生时包含的物质性每一次都有所不同。和生物学一样，在政治学中包括的对象的变异性和可朽性并不会让它被剥夺科学的定位。它是以"纲要的方式"（*typôi*）处理对象的科学。事实上，要求把政治学变成硬核科学是一种无知的表现。我们会在本书 4.3 节回到这个问题。

拓展阅读

关于亚里士多德的伦理德性是相对的还是普遍的，参见 MacIntyre 1981, ch. 12 和 Nussbaum 1992。关于亚里士多德的中道学说，参见 Broadie 1991, pp. 95-103。对亚里士多德"习惯"概念最有影响的重新评价是 Ravaisson 2008。关于习惯化的过程，参见 Jimenez 2016 和 Hampson 2020。关于想望，参见 Pearson 2012, ch. 6。关于豪迈，参见 Curzer 2012, ch. 6。关于道德行动的构成，参见 Flannery 2013, ch. 4。

第 3 章
正　义

3.1 "正义"的含义（V.1）

在古希腊人眼里，正义是最重要的伦理德性之一。这也适用于亚里士多德，甚至更加适用于柏拉图。不管怎样，亚里士多德在《尼各马可伦理学》第五卷里的很多内容是为了让自己远离柏拉图的立场。让我们看一下第五卷开头几行说了什么：

> **V.1.1129a1-10**：就正义（*dikaiosunê*）和不义（*adikia*）而言，我们必须要讨论它们关乎什么样的行动，正义是何种中道状态，正义是在什么之间的中道……我们看到，每个人在说正义的时候意思是这样一种状态，由此而来人们做正义之事，也就是说，从这种状态出发他们做正义的行动（*dikaiopragia*），想望正义的事。不义也是如此，人们从它出发做不义的事并且想望不义的事。

因此看起来我们要用"正义"来指这种伦理德性本身，"正义的事"(the just)指它的对象,"正义的行动"指因为正义的德性而做的行动,正义的反义词就是不义。我们还了解到本书关于正义的三个主要目标:分析正义关乎哪些人类行动领域,正义如何与某种中道状态相关,以及正义是在什么之间的中道——后两者在目前是完全不清楚的。然而,我们并非处于完全没有预料到的领域,相同的目标也引领着亚里士多德关于其他伦理德性的讨论。

亚里士多德在 V.1 的主要关注是要把自己与柏拉图对"正义"的使用区分开来,在柏拉图那里,"正义"指的是德性的整体。这个看法也存在于当代语言中,我们也会非常宽泛地使用"正义"和"不义"。我们会说"我们可能不义地对待了他,他的工作做的很好",但是也会说"她不义地对待了自己,她很有天赋但是太懒了"。我们使用正义的概念既可以用来指我们和他人的关系,也可以指我们和自己的关系,好像正义首先是某种发生在我们内部的东西,是自我或灵魂不同部分之间的和谐,这就是柏拉图对正义的看法。① 亚里士多德想要让我们远离这种非常宽泛的用法:

> **V.1.1130a3-4**:正义是德性中唯一一个看起来为了他人利益的,因为它是与他人的关系。因为它做对他人来讲有利的事,不管是统治者还是共同体的成员。

---

① 最为人所知的例子是《理想国》IV.433c10-e2:"正义并不关乎某人外在的行动,而是关乎内在的行动,关乎真正的他自己和他自己的东西……他把自己变得有序,是自己的朋友,让他自己的三个部分彼此和谐,就像音乐里的三个限定性的音符……他从很多东西变成完全的一,节制而和谐。"

第 3 章 正 义

亚里士多德对正义是他人的好这一点极尽强调,好像最重要的是要知道,正义是某种与他人关系的性质,或者规范这些关系的原则,而非某种伦理德性。显然,正义是**我的**德性,是**我的**灵魂的性质,然而它要求我严肃地看待发生在他人身上的事情,从而确定我本身配得到什么样的好,特别是当他人也欲求相同的好时。因此,除了比喻的意义之外,正义并不关乎我自己灵魂不同部分之间的关系(V.11.1138b5-6)。

然而,在狭义的"具体正义"(尚未得到界定)和普遍或整体的(holê)正义(也就是指向他人的**任何**伦理德性)之间还有重要的区分。"这种[普遍的]正义,是完全的(teleia)德性,不是无条件的完全,而是相对于他人的完全……它是最高等级的完全的德性,因为它是完全德性的完全应用。它是完全的应用,因为拥有它的人可以对他人利用他的德性,而不仅仅是对自己"(V.1.1229b25-33)。这并不是说亚里士多德反对这个宽泛意义上的正义。相反,他坚信正义是任何政治共同体或者任何政治关系和政治交往发生的前提条件,因此也就是任何一个人可以在其中运用其他德性,或者直接或者间接地影响他人的公共空间存在的前提条件。"完全德性的完全运用"这个说法意在指出这种正义的运用范围有多么广泛,甚至是包罗万象。此外,亚里士多德很愿意接受人们通常的看法,真正有德性的人最可靠的标志就是他们是不是可以对他人实践德性,而不是对他们自己或者在家人朋友的小圈子里实践德性。他自己的保留在于,我们必须要首先定义狭义的正义。

如何定义狭义的正义是个很大的问题。第一个可行的答案是认为,我们人生中所有有价值的东西都在法律中得到了规定,因此正义的东西就是法律规定的，因此正义就是合法。如果法律涵盖了全部人生和行动，看起来正义就应用到了我们所做的任何事情，特别是对他人产生影响的任何事情。然而亚里士多德努力把正义与合法分开，因为合法是正义宽泛含义的一种变体：

> **《政治学》III.4.1276b30-34**：公民的德性必然是相对于政体的。如果确实有几种不同的政体，那么很显然不可能有一种德性是卓越公民的德性，也就是完全的德性。但是我们说，好人是合乎一种德性的，也就是完全的德性。

这个论证很简单：有很多种城邦，因此每个城邦都有自己意义上的合法，好公民在自己的城邦里必然要做合法的事情。然而，只有一种真正好的城邦和政体。只有在这个城邦和政体里，合法与正义才是重合的，因为在这个城邦里，同一种幸福的观念规定着人们作为公民和守法的臣民。在所有其他城邦和政体里，合法只是接近真正的正义，或者实际上堕落为不义（《政治学》III.11.1282b8-13）。因此某人可能是一个好公民或者合法的公民，但并非真正正义。

然而，问题可能更加复杂。第一，在正义与合法之间的冲突并不会让后者成为道德或政治上不重要的东西。因为合法性本身，即便是服从**坏的**或**不义的**法律，也是比非法更高的价值。最差的政治状况是共同体彻底没有法律，从而不再是严格意义上的城邦，就像极端的民主制、僭主制和寡头制（《政治学》IV.4.1292a31-32, IV.10.1295a15-24, IV.5.1292b5-10）。这时，政令（decrees）或者僭主的敕令（edicts）代替了法律，把合法变成了一系列破碎的、短视的、短命的命令。非法性等同于极端的政治之恶。这就是政治共同体彻底失去法律的情况，从而不再满足真正政体的要求。极端的民主"根本不是一个政体，因为没有法律统治的地方就没有政体"（IV.4.1292a31-32）。极端的僭主制和极端的寡头制（或王国）也是完全没有法律的（IV.10.1295a15-24, IV.5.1292b5-10）。在所有这些极端恶劣的政体中，法律的统治或者法律的掌控（kurios）都是完全缺失的。

第二，与某种法律实定主义（legal positivism）不同，这里有某种公民不服从的空间。但是就像通常的情况一样，关键在于细节。在大多数情况下，城邦的法律系统不尊重真正的正义，这一点并不是一个有德性的人不服从法律的充分理由。我们刚刚也解释了为何如此：没有法律或者亵渎法律是一种政治上的恶，或者说一种极端的不义。此外，如果法律本身被不断随意修改，那么法律本身的力量就会被削弱（《政治学》II.8.1269a24）。然而，这并不意味着有德性的人应当服从任何僭主式的法律或决定，好像奴性的服从可以与真正的德性以及自由的有德之人的意志共存（IV.10.1297a17-23）。不管有德之人证成自己不服从法律的情况有多么稀少，或者法律要对他们的正直造成多么大的威胁，亚里士多德都很清楚地意识到自己的观点会引向某种悖论："那些有最正义的理由挑起内乱［比如为了改变现有政体］的人是那些德性方面最杰出的人，虽然他们最不可能这样做。"（V.1.1301a39-40）在亚里士多德关于政治稳定性的观点中确实弥漫着某种保守主义的气息；但是与此同时，我们也不该像一些当代哲学家那样指控亚里士多德把真正的政治行为仅仅局限于权力的组织和政治功能的分配。

第三，亚里士多德似乎把正义局限于城邦及其法律系统。因为所有的政体都建基于某种正义的概念，因此"政治上的好就是正义的事情，而这是共同的利益"（《政治学》III.12.1282b16-18）。那么我们和自己共同体之外的人们的交往呢，与其他之前没有联盟关系的城邦之间的交往呢？这并不是一个关于人权的现代问题，而是一个更加实用的问题。比如，正义的问题是否适用于邻邦之间的关系，还是说只要我们有力量就可以用我们希望的方式征服或者威胁它们？亚里士多德对此的回答非常清楚：他质疑那些认为在城邦间关系上应该用主奴关系代替政治关系的看法："他们在自己人之间追求正义，但是在对其他人的时候完全不在乎正义。"（VII.2.1324b35-36）在《政治学》里，亚里士多德反复强调，最危险和最无法治愈的政治败坏就产生于将政治统治等同于主奴关系。区别这两种截然不同的统治方式，是从《政治学》第一行到区分正确和偏离政体的主导性线索。而现在重要的是它也关乎一个城邦与邻邦的关系。

在亚里士多德的观点里有某种悲观的成分：所有的人类法律都意在支配（《政治学》VII.2.1324b7），而支配很容易滑落到不义。支配可能是粗暴的，没有任何借口，但是在希腊人和过着政治生活的其他人中间，支配通常都是有借口作为伪装的，可能是扩张不可避免的后果（IV.4.1291a20-21），或者是宣称的防御性的政治安排，"某个有力量的人不应该让统治权落入邻人手中，而是应该从他手里获得统治权"（VII.2.1325a36-38）。不管各个城邦采取的政治修辞如何（修昔底德的"梅洛斯对话"[Melian dialogue]*是一个极富戏剧性的例子），它们都倾向于对邻邦采取主人式的统治方式。在这个意义上，即便在城邦的领土和法律系统之外讨论不义也依然是有意义的。

但是采取过于简化的二元对立是错误的，比如自然法与实定法，稳定与变化。如果我们说的"自然法"是自然施加给我们的，而"实定法"是人们制定的规则，那么它们之间的关系很可能是这样的：

> **V.7.1134b18-21**：就政治正义而言，一部分是自然的，另一部分是法律的。自然正义在各处都有相同的力量，而不是因为看起来有或者没有力量，而法律正义是一开始规定这个或那个好像没有什么差别，但是一旦人们建立起来之后，就有了差别。

因此，定义了人们共存和行动条件的正义有两个部分：后者是我们所谓的"实定法"，指的是城邦通过的条约或协议，以及法庭或公民大会的个别决定，这些规则只有在被采纳或决定**之后**，并且正是**因为**被采纳或决定，才获得了效力。不同城邦有不同的实定法，在同一个城邦之内也会发生变化，反映了政治机构的相对性。

---

* 在修昔底德的《伯罗奔尼撒战争》VI.17 记录了雅典人与小岛梅洛斯（Melos）人之间的一场对话（发生在公元前 416—前 415 年），雅典赤裸裸地用强力要求对方臣服，而完全无视正义、虔诚这些传统的德性。在遭到梅洛斯的拒绝后，将所有成年男子杀死，将女性和孩子变卖为奴，并派出了 500 人在梅洛斯殖民。——译注

自然法与此完全不同，它并不来自实定法，也没有伴随实定法的相对性或变异性。尽管如此，自然法也不是完全不可变化的，好像"自然"指的是不可变的、永恒的、必然的。让"自然法"成为"自然"的是人类事务的自然（本性）。用我们前面提到的术语，它是"大都数情况如此"（*hôs epi to polu*）。虽然我们有可能精确地界定自然法给一个卓越的或完美的城邦制定了什么样的规定，这个规范性的基础本身并不足以定义对每个共同体来讲什么是自然的。因为每个共同体都由当下的状况规定（比如人口构成），也就是取决于具体的状况，因此是可变的。这就是为什么了解政治学的人必须要知道每个具体的情况，以及在这种情况下需要什么样的变革、变化或修正。

亚里士多德试图平衡正义的客观性和相对性，同时避免法律实定主义（这种观点认为正义仅仅是现存法律规定的产物），以及某种法律还原主义（这种观点要把正义变成永恒的和不变的自然秩序）。我们至少知道一条规定自然正义的规则，那就是每次政治正义败坏为适合主人统治的正义，正义就被歪曲了，仅仅变成了正义的影子。

3.2　正义是科学吗？（《尼各马可伦理学》V.4 与《政治学》III.16）

要理解正义的精确定义，我们还需要再做一个澄清，它关乎正义与科学的关系。这个问题不该让我们感到吃惊，因为它也是一个现代问题：一个人想要成为法官就要学习法学这门科学。或许这门科学让法官远离具体事物,好像为了做出正确的判决,他们应当远离人类事务,或者接受某种纯粹客观或无关利益的立场。但是亚里士多德并没有持这种观点:

> **V.4.1132a20-22**:然而,去法官那里就是去正义那里,因为法官想要成为所谓的有灵魂的正义。

因为正义是一种伦理德性,它表明人们可以管理自己的情感,从而很好地应用他们拥有的实践知识或科学,而不管他们是参与行动的行动者,还是判断他人事务的评判者。亚里士多德认为,人们不可能成为像自然科学家那样的人类事务的外在观察者,或者成为无灵魂的法律原则的人格化。对此,他给出了两个论证。

第一个论证是:每种科学、每种理性的知识,都可以做好事或者坏事(比如医学可以治愈也可以毒死人,虽然后者不符合医学的真正自然)。相反,正义只做一件事,那就是正义的事。因此,正义不是一种科学,而是一种伦理德性。第二个论证是:

> **《政治学》III.16.1287a28-31**:要求法律统治的人看起来就是单单要求神和理智统治,而要求人统治的人就是加上了野兽,因为欲望就是那样的东西,意气扭曲统治者的[判断],即便他们是最好的人。这就是法律为什么是没有欲求的理智。

在这段优美如诗的文本中,亚里士多德批评了可以找到一个人成为法律的人格化的想法,而原因就是人的灵魂既有理性也有非理性的部分，亚里士多德把后者描绘成一个内在的野兽。没有谁不拥有这只野兽，唯一的问题是如何控制它。认为存在彻底远离人类情感的法官，这本身就是一个虚幻的想法，它让法官看起来像神一样。根本没有这样的法官。只有法律才是没有欲求的理性。医学的例子在这里也很有说服力：医学课本，不管多么全面，在描述疾病、症状以及建议治疗方案的时候都是不完美的。因为它们不可能考虑每个具体的案例，只有拥有灵魂的医学（也就是医生）才能判断。出于相同的理由，施加正义需要法官，而在法官那里，就像在医生那里，野兽总是存在的，随时可能歪曲理性。这就是人类的境况。

3.3 正义、贪婪与其他德性（V.12）

按照亚里士多德的理解，正义的德性与贪婪（pleonexia）有关：贪婪的人是不义的，而不贪婪的人是正义的。当人们想望、欲求或者要求的比他们配得的东西更多，超出了他们的环境或价值所能允许的，他们就是贪婪的。

> **V.2.1129b1-3**：因为不义的人是贪婪的，他会关注各种好，不是所有的好，而是那些与好坏运气相关的好。

人们并不会因为他们想要任何种类的好而成为贪婪的，而只是那些与好坏运气相关的好。这些就是所谓的"外在的好"，比如财富、健康、政治权力、官职等等。贪婪为什么只关乎这些外在的好呢？因为把贪婪与灵魂的好（比如德性）联系起来是愚蠢的，好像一个人可以在诚实或者勇敢方面贪婪。我们也不能说所有外在的好都是贪婪的对象，比如友爱和美就不是。为什么呢？因为荣誉、财富、政治权力这样的东西，一些人拥有的多，另一些人就拥有的少。这不适用于美，因为一个人自己的美并不会破坏、削减或偷走其他人的美。那么贪婪到底如何与这些外在的好相关呢？显然不是作为某种事态，而是作为我们渴望获得更多、同时拒绝给予他人的东西。贪婪是对快乐的承诺，事实上是某种特定的快乐——"来自获利的快乐"（V.2.1130b4）。

引入了贪婪的概念之后，一幅更加清晰的正义图景逐渐浮现出来。但是依然有些模糊之处。让我们来看一个例子：通奸的行为是否包括了不义？我们在前面提过，通奸只和放纵有关，也就是一个人可以多好地控制自己的性冲动。然而，如果一个通奸行为是以获利为目的的，那么它就包括了不义。因此，并没有一组特定的行动是正义的关注点，正义完全取决于行动的动机。当动机是对荣誉、财富、政治权力或者安全这些外在好的贪婪时，正义的问题就产生了。

这样就足以定义正义了吗？很可能还不够。因为《尼各马可伦理学》IV.1 还分析了另一种伦理德性——慷慨（这种德性帮助你很好地管理财富）。但是如果这种德性存在，并且正义至少也关乎财富方面的贪婪，那么我们如何可以区分正义与慷慨呢？花费比应当更少的钱是吝啬，它为什么不是不义呢？从他人那里占有比应当更多的钱是一种吝啬，它为什么不是不义呢？我们大致应该做出这样的区分：慷慨关乎给予和占有，但是错误在于单纯的给予是不够的，你还必须要知道给多少、给谁、什么时候给。只是想要给予金钱并不意味着你有慷慨的德性。与此相似，每次你从他人那里获得金钱的时候，你也没有展示吝啬，只有从错误的人、以错误的方式、为了错误的理由占有金钱的时候，才是吝啬。

与此相反，不义包括两方面：一个是你占有了你不配得的、没有权利获得的或者超出你所应当获得的（其他人配得到更多），另一个是这样给他人造成了**伤害**，也就是说，为了你可以获益，其他人必然受害，你获益越多，其他人就因为获得了比他们应得更少的份额而受害越多（V.4.1132b14）。而在慷慨的德性中，伤害的要素是完全缺失的。不义之人在行动时，就好像其他人因为他的行动而受到伤害不是他们改变行为方式的理由，好像他们给别人造成的伤害在道德上不相关或者不重要。因此，如果他人遭受的伤害没有妨碍你为了自己的利益行动；或者给他人造成的伤害没有让你感到难过；或者没有极大地削减你从获益中得到的快乐；或者在最糟糕的情况下，不义与嫉妒掺杂在一起，当他人受到伤害时你的快乐反而增加了（《修辞学》I.10.1388a24-27）；这些情况下都有不义发生。因此，我们还是有办法区分不义和其他看似关乎相似行动的德性，原因就在正义关乎两个要素，而其他德性都不是这样，这两个要素一个与贪婪有关，一个与他人受到的伤害有关。

3.4 两种特殊正义（V.2-5）

我们现在可以来考察亚里士多德对正义的经典区分了，更具体地说，是在不同种类的交易中的"正义"，毕竟作为德性的正义不会划分为不同的部分。

  V.2.1130b30-1131a9：【1】一种部分的正义，以及以这种方式正义的人，发生在分配荣誉、财富或者任何其他可以在共享政体的人们中间分配的东西……【2】另一种是交易中的矫正，这又有两个部分，因为一些交易是自愿的，一些是不自愿的。【2a】自愿的交易是买卖、有利息的借款、担保、把东西免费给他人使用、押金、雇佣（这些被称为"自愿"是因为交易的始点是自愿的）。【2b】不自愿的交易，有一些是秘密的，比如偷窃、通奸、下毒、拉皮条、诱拐奴隶、诱杀、发伪誓；还有一些包括强力，比殴打、监禁、谋杀、绑架、致残、辱骂、冒犯。

  【1】指出了第一种正义，也就是我们说的"分配正义"（*dianemêtikon dikaion*）。我们必须要在一个很高的层面理解它，也就是在立法者或者政体的层面。它关系到城邦把哪些人看得更有价值，从而给他们更多的好（财富、荣誉或公职）。它表明了一个城邦理解其公民价值的方式，不管是作为人还是作为城邦的一部分（取决于他们扮演什么角色，如法官、匠人、老师等等）。亚里士多德很清楚，不管是公民的价值还是他们的公职都可能受制于随机或外在的要素。即便如此，他依然认为，城邦应当基于公民成年之后表现出来的价值来分配公共认可和财富这两种好。很显然，一个城邦接受的价值序列取决于城邦及其政体。但是不管怎样，分配正义需要在个人、政党或社会阶层宣称自己的价值之前得以确立，并且

不会因为他们的宣称而发生改变。

【2】引入了第二种正义，即"矫正正义"(epanorthôtikon dikaion)，并且把它区分成两个部分，一个与自愿交易有关，另一个与不自愿交易有关。与自愿交易有关的【2a】是各种商业活动，比如买卖、抵押、租赁等。它们是自愿的，因为人们（或者两组人群）决定交易的条款并达成协议。这样的交易可能是正义的，但是当一方被迫进入交易（比如因为一方极度贫穷），虽然人们可能自愿同意交易，但是交易依然是不义的。我们多少都理解正义的交易是什么，因为我们可以评估一个对象的价值，或者拿它的价值和另一个对象比较，或者根据某种货币评估它的价值。亚里士多德在这个语境下提到货币作为价值的量度绝非偶然（马克思日后会回到这个思路）。与自愿行动有关的矫正显然也适用于交易中的一方违反协议的情况。这也就是为什么它被称为"矫正"，因为它矫正了某人造成的不同于协议的伤害（然而，我们需要注意，"矫正正义"并不必然要求任何矫正；它只是在损失和获益的意义上确立正义的交易是什么，以及矫正的标准是什么）。

第二部分的矫正正义【2b】包括不自愿的行动，也就是一个人没有预先协议而遭受的事情。这些事情有时候是在一个人不知情的情况下发生的（比如有人偷了你的东西），有时候是在你知情的情况下发生的（比如有人诅咒你、虐待你、监禁你）。在文献中，自愿的矫正经常被称为互惠正义（reciprocal justice），而不自愿的矫正正义被称为修正正义（corrective）（虽然这两种情况中都包含了某种修正）。

矫正正义与分配正义的差别在于，矫正正义是"盲目的"，因为它并不考虑参与者的价值。(值得顺便提及的是,把正义女神刻画成蒙着双眼的形象是 16 世纪的发明,希腊人更愿意设想正义女神双目圆睁。)不管偷你东西的人是穷是富,意图是好是坏,你都损失了相同的金钱,而这就是需要得到恢复的数量。如果某人偷了你的钱从而变得富有,你就要在他们获得的那么多和你剩下的那么少之间寻找平衡。这个在很多和很少之间的平衡就是正义。要定义正义,只需要知道你损失了多少和他们获得了多少,你们不需要知道关于彼此的更多信息。

因此,虽然在分配正义中,参与者的价值是定义性的要素,在矫正正义中并非如此(我们后面还会回到这一点)。为了说明这个对照,亚里士多德用两个类比描绘了这两种正义。他称第一个类比为"几何的",也就是适用于分配正义的,我的价值与我获得的收益之间的比例必须要等于你的价值与你获得的收益之间的比例。因此,如果两个人是 x 和 y,价值是 W,而分配的好是 P,那么就应该满足如下等式:$W_x/P_x = W_y/P_y$。相反,在矫正正义中,你不需要这样的匹配,你所需要的只是平衡一个人的伤害与另一个人的获益,这个类比被称为"算数的"。

然而,这些区分并不像看起来那么严丝合缝。当我们要求法官矫正某些东西的时候,我们不可能避免考虑涉案人,他们的动机、过往、道德水准。因为,正如我们在本书 2.7 节看到的,如果这些事情都没有考虑进去,我们从一开始就无法定义发生的是什么样的行动。矫正对待一个反复给他人造成伤害的人的方式不同于因为错误、偶然、第一次、为了某个非常具体的原因,或者为了某个非常重要的目标而给他人造成伤害的人。在整个第五卷,亚里士多德坚持认为，我们必须要区分不义的行动和因为偶然、没有经过思虑和决定的事件。只有当我们了解了某个情境下所有重要的因素，我们才能得到对于什么是真正的互惠性（to antipeponthos）的正确理解。事实上"以眼还眼"这种对相互性的通常理解远不能适用于分配正义或者矫正正义（V.5.1132b23-25）。即便如此，我们依然可以很安全地说有某种相互性的观念在它们之下：要被平等化或分配的好是以某种方式可通约的，对它们各自的价值可以达成某种协议。不用说，在最好的城邦里，德性与幸福是最高的价值。

这种对正义的数学结构，以及判断行动和交易中正义与否客观标准的强调，可能会导致某种混乱。我们可能会认为，这个正义的结构或者这个正义的事态**就是**正义。但其实并非如此。正义是一种伦理德性，因此它只能被归于某人的品格。这是与所有的伦理德性都有关的困惑：人类的行动**似乎**经常是有德性的，但是它们其实并非真的来自有德性的品格，并且不是为了高贵之故而做的（参见本书2.6节）。这一点在正义的问题上当然也成立，因为正义的分配或矫正具有准数学的结构，有可能独立于正义的定义来定义正义的事情，但是很难判断正义的结果是否来自拥有我们所谓正义德性的人。

因此亚里士多德用一个非常详细的讨论，来解释那些显得正义或不义，但并非来自正义品格的事情（V.8.1135b2-1136a9）。我们需要做下面的这些区分：(1) 一个正义或不义的结果是不是偶然的，比如一个人归还了欠下的东西，不是因为正义，而是因为恐惧，或者当人们不归还他们欠下的东西仅仅是因为他们处于某种强迫之下。在所有这些情况下，后果都是偶然的，因为它们都是不自愿的行动。(2) 另一类不是来自正义/不义品格的正义和不义的事态包括各种干预我们和他人交易，并因此彻底改变事件过程的"错误"（hamartêma），比如俄狄浦斯对他母亲是谁的无知。(3) 还有一种"错误"与任何合理预期造成的伤害相反，亚里士多德称之为"不幸"。这种情况下，真正造成伤害的来自外在于行动者的因素，就好像一场我没有责任的车祸。(4) 甚至更加重要的是，亚里士多德还将正义和不义的后果，与对具体情况有充分认识但"没有事先思虑"的正义和不义分离开来。在缺少决定（参见本书5.1节）的情况下，我们无法判断一个人的品格状态，不管是德性还是恶性。比如，当不义的行动来自由他人引起的意气或愤怒，认为这个做了不义之事的人是不义的或者恶劣的就是错误的。作为品格的正义与不义解释了我们行动的理由，也就是我们的动机。不管多么容易混淆正义的行动和正义，具体的正义都是一种独特的品格状态，它以独特的方式产生正义的行动。

3.5　公道与正义（V.10）

除了两种正义之间的经典区分，亚里士多德的正义理论还为我们贡献了一个很重要的观念，那就是公道或衡平（epieikeia, decency 或 equity）。

> V.10.1137b19-32：当法律以普遍的方式讲话而某个具体的案例与普遍的情况相反，在这时纠正错误就是正确的（立法者遗漏了一些东西而过于普遍地做出规定），也就是假如立法

者本人在场他会说的东西，假如他了解这个案件他会如何规定……这就是公道的本质——因为法律过于普遍而对法律做出矫正。这也是为什么法律没有规定一切，因为有很多情况无法用法律规定，而需要法令。因为不确定的东西的标准也是不确定的，就像在莱斯波斯式的建筑里铅制的标准①，因为这个标准不是固定的，而是可以把自己调整到石头的形状，法令就是适合具体案件的。

不论法律多么正确，多么适合某个具体的城邦，甚至是适合完美的城邦，它在本质上都是普遍的，因为它适用于同类型的所有案例。具体的法律只有一个，但是它总会用**普遍的**方式规范人类事务，这就是为什么"所有的法律都是普遍的"（V.10.1137b13）。这让法律拥有了一种不可避免的弱点：因为人类行动并没有普遍的特征，而是具体的，也就是说它们取决于谁在做、为什么做、使用了什么工具、有什么目的等等，没有任何法律，即便是最完美的法律，可以完全考虑人类事务的具体性。在这个意义上，立法者因为意识到没有法律可以精确地规定具体案例，这种"疏忽"可以说是"自愿的"（《修辞学》I.13.1374a25-30）。就其本质而言，法律总是需要修正或弥补。这并不是因为我们对法律的看法发生了变化，或者因为政治或城邦系统发生了变化，任何法律都需要引入适合个别案例的规则而得到修正。

这种法律或政治的决定或对法律的修正，在古代雅典被称为

---

① 一种铅制的工具，用来找到合适的石头，匹配已经放置到位的不规则形状的石头。

"法令"(decree)。这是公民大会面对新的挑战、没有预料的情况或者日常政治中的具体情况做出的决定。比如城邦虽然有普遍的规则来规定神庙的建造，它还是可能会决定在某个特定的时间为了某些具体的原因，必须要花费比法律规定多很多的钱建造神庙。这个时候公民大会就要表决通过建造神庙的法令，需要聘用多少祭司，大理石从哪买，等等。再比如，在一场战争之后，计算了损失和收益之后，城邦可能会决定，这次寡妇可以得到比法律规定多一倍的抚恤金。显然，没有任何东西可以保证公民大会不会做出错误的决定，因为人们需要特殊的政治知识和判断才能形成法令。事实上，因为法令关于当下的政治事件，甚至更难做出正确的选择。

法令需要双向的技艺，一方面，它们要求政治知识，像好的立法者那样去形成和表决通过某个法令从而实现最理想的状况；另一方面，法令要求判断个别和具体情况的技巧，判断情况实际上是不是特别和重要。这种判断力是一种感知能力（更多细节参见本书5.3节）。如果说第一种技巧需要精确性，那么第二种技巧就需要规则有一种特别的质地。我们需要理解规则，就像一个有灵活性的统治者那样，可以适应事物的不同形状。如果能够实现这个，那么以法令之名绕过法律就是**正义的**。

法律可能因为其普遍性而有内在的缺陷，但是法令也有自己的缺陷：（1）公民大会很难拥有好立法者的那种政治知识，经常被当下的激情左右，更糟的是，他们可能会被民众的谄媚者或者民众领袖（demagogues）左右；（2）过度和不必要地依赖法令会削弱人们对法律价值的信赖；（3）我们在前一节看到，用临时的法令完全代替法律就意味着合法性的彻底消解。人民会变成城邦和他们自己的僭主。

让我们回到公道,这是亚里士多德关于正义和法律哲学的高峰,值得我们更多关注。

第一,我们要知道,公道并不是一种不同的、在正义之上或之外的伦理德性:"它是某种正义,而非某种不同的状态"(V.10.1138a3),亚里士多德认为相反的说法是荒谬的。然而,它是一种正义,不是说某个人如果没有公道就不能实现完全的正义,也不是说一个人没有正义就可以实现公道。公道并不是某种不同于其他种类的正义,也不是在一些极端情况才需要的正义,它是作为伦理德性的正义所必需的能力,也就是发现如何将普遍的法则应用于具体的环境,甚至更加重要的是,我们如何矫正法律本身。我们可以从这第一个澄清里面做出两个推论,从而让我们意识到公道对于解决我们在第五卷遇到的难题有多么重要。(1)最困难的问题之一就是亚里士多德如何区分正义和单纯的合法。公道的概念给我们提供了一个至关重要的限定:合法并不意味着遵守法律的字句,或者遵守法律本身,而是根据总是变化的新情况和新挑战对修订、重新订立、调整法律保持警醒。我们现在知道,这样的修正是真正的合法,而非相反。(2)另一个持续存在的困难是正义作为一种伦理德性与正义作为某种客观的类似数学的东西之间的拉扯。公道意在弥合两者,因为我们现在知道,即便在法律的层面,也就是客观的、与行动者的动机和目的无关的意义上,我们也不可能绕开作为伦理德性的正义。正是那种德性,更具体地说正是作为其组成部分的公道,使得我们得以理解法律及其规定的本质。

第二,我们可能想要知道,公道是我们区分的广义正义的一部分（也就是整体的正义），还是狭义正义的一部分（也就是具体的正义）。更精确地说，问题在于它是否只关乎后者。毫无疑问，公道之人不会是贪婪的（V.9.1136b20-22）。但是亚里士多德在 V.10 对公道的分析把这一点当作显然的，而专注于我们应当如何理解法律及其内在的缺陷。更重要的是，公道似乎是一个像"好"一样宽泛的词汇，"公道之人"也是"好人"，反之亦然。因此，亚里士多德将公道之人与坏人对立——这也是他在作品里最常见的对"公道"的使用。对于公道与好之间的等同唯一重要的限定在于，公道像正义一样，首先关注我们与他人的关系：（1）公道在第八九卷关于朋友的讨论中再次出现；（2）公道也在关于明智如何在我们与他人的关系中得到应用的讨论里出现："被称为'考量'（gnômê）的，因为它人们被说成是'同情的考量'（sungnômones）以及拥有考量，是对什么是公道的正确判断。对此有一个表征，因为我们说公道的人同情地考量，在某些情况下的公道就是同情地考量。"（VI.9.1143a19-22）（3）公道也与私下的、法庭或公民大会这些公共领域的说服有关，亚里士多德说，我们更信任公道之人（《修辞学》I.2.1356a6-7）。因此，每种与他人相关的伦理德性，或者给他人带来伤害的东西，也就是"完整的正义"，都与公道有关。

第三，值得注意的是，虽然公道被用来表达我们的伦理德性中与他人相关的特征，它同样会在与我们的自我最密切相关的领域闪耀光彩，在这些领域没有任何可能的和有意义的伪装。亚里士多德和希腊语都将公道与我们的梦（I.13.1102b10-11："公道之人梦中出现的东西比随便一个人梦中出现的东西更好"）和希望（《欧德谟伦理学》I.4.1215a10）联系在一起，认为梦和希望都来自我们最隐秘的和最不受影响的自我。这种内在和外在自我的同形性（isomorphism）是亚里士多德伦理学给我们带来的重要启示，我们不该对此视若无睹。

3.6 正义与中道（V.5）

当我们阅读《尼各马可伦理学》第五卷关于正义的第一段话时，还有一个问题没有得到回答：正义是不是一种中道状态，如果是，是在什么意义上？如果不是，是否会对亚里士多德中道学说的一致性造成损害？

> **V.5.1133b30-1134a8**：【1】很清楚，正义的行动是做不义与遭受不义之间的中道（meson），因为一个是拥有过多，另一个是拥有过少。【2】正义是某种中道，但不是像其他德性那样，而是因为它［制造］中道；① 不义是对极端说的……它是在有益和有害的东西上的过度与不及，与合乎比例相反。

【2】强调了正义和其他德性与中道的关系不同。这很可能是我们预料到的，因为正义总是关乎我们与他人的关系，关乎他人从我们的行动中受到的伤害，而其他德性的中道状态是我们自己的情感和行动。因此，中道状态的模式并不完全适用于正义。换句话说，

---

① 抄本给我们提供了文本的不同读法。根据不同的读法，这段话可以是这样的意思："因为它与［或者产生］相等的中道"或者"因为它是相等的中道"。以弗所的迈克尔（Michael of Ephesus）的评注也指向了相同的方向（CAG XXII/3 40.23-25）。

第3章 正义

作为中道状态的正义更多关乎外在的事态而非参与者的情感。除此之外，正如亚里士多德说的，对某人造成的伤害是一回事，那个人如何评价这个伤害（或者用现代的方式说，他自己如何体验）是另一回事。在亚里士多德的正义里，只有前者看起来是重要的（虽然在有德之人那里，这两者是重合的）。因此，与正义相关的中道允许用数学的方式解决问题。

然而，在同一句话里，亚里士多德强调正义也是一种中道状态。根据【1】，正义似乎是导致和遭受不义之间的中道，或者说我伤害某人和我被伤害之间的中道。因此，正义的中道品格并不关乎情感，而只关乎行动，不义是两方面过度的名称，关乎过多的获取与过多的损失。

我们还有另外的理由解释为何如此。根据亚里士多德对人类动机的理解，人们没有意图受到伤害。相反，每个人总是倾向于占有更多、占别人的便宜："有人会自愿受到伤害，遭受不义的事情，但是没有人会自愿遭受不义的行动；因为没有人想望遭受这样的行动。"（V.9.1136b5-6）虽然有很多时候我们想要的东西最终被证明是有害的，或者把我们变成不义的受害者，但是没有人想要被不义地对待，没有人明知自己要受到伤害和被不义对待而行动（这些伤害或不义没有任何道德或者法律上的证成）。说人类没有倾向成为不义的受害者并不是说亚里士多德忽略了那些高贵的行动，行动者认为有理由放弃一些自己的东西，或者把某些东西当作礼物给予他人。当某人决定慷慨行动时，亚里士多德也有恩惠的观念（V.9.1136b9-12）。

正义与中道相关的概念深深植根于西方文化。即便是今天，如果有人问法官应该如何断案,我们的第一反应仍然是他们应该在两方之间保持相同的距离,不偏袒任何一方。把正义女神刻画成蒙着眼睛的形象也是同样的意思,因为我们认为正义站在两方的诉求中间。在《尼各马可伦理学》和《政治学》里,法官被说成是仲裁者或者裁判。更有趣的是,在《政治学》里,亚里士多德把公民分成了不同阶层。他经常提到中间阶层,也就是既不穷也不富的等级。更让人吃惊的是,他认为立法者应该出自中间阶层,立法者代表了中道。

"诉诸中道难道不是一个空洞的公式吗?亚里士多德不是触及了道德事实的某些真实的方面,而平衡意义上的中道不是包括了某些实质性的内容吗?显然,这要求我们能够确定极端本身,而不仅仅是相对于中道的过度和不及。"[①]亚里士多德的正义概念以及与之相应的中道给我们提供了一种模式,每当现代和当代实践哲学试图把自我和他人的需要描述成天平的两个盘子,需要彼此平衡时,就会用各种不同的方式来利用亚里士多德的正义观。

拓展阅读

我们可以从 Williams 1980 开始;关于分配正义,参见 Keyt 1991;对《尼各马可伦理学》和《政治学》中正义观的整体分析,参见 Miller 1995, ch. 3;Yack 1993, chs. 5-6。关于"恩惠"的说法,我要感谢 Young 2005。

---

① E. Tugendhat, *Vorlesungen über Ethik*, Frankfurt: Suhrkamp, 1993, p. 252.

第 4 章
科学、智慧与技艺

4.1 明智

我们现在进入了《尼各马可伦理学》第六卷,这一卷讨论了全书最为人所知,也是得到最多讨论的概念,明智或实践智慧(*phronêsis*)。

明智带有某种神秘性。假如我把第六卷从《尼各马可伦理学》里去掉,没有人会觉得它很重要。在第六卷之前,只有几处提到它,而且几乎没有用到它精确而严格的含义。在第六卷之后,它又消失不见了,至少没有出现在前台。在亚里士多德的其他著作里,我们也看到过明智的概念,但也不完全是它在第六卷里的意思。比如,在《欧德谟伦理学》里,明智曾作为伦理德性出现(II.3.1221a12),而在《政治学》里,明智有时候被说成是仅仅属于好的城邦统治者,而不属于好公民(III.4.1277b25-26)。在这个导论中,我们关注亚里士多德在第六卷里说到的明智,这个讨论是亚里士多德全部著作中唯一一次对明智的详尽分析,我们也认为亚里士多德在这里给出了最完整、哲学上最有力的论述。

关于明智我们都知道些什么呢？如果你问亚里士多德时代的雅典人，一个受过良好教育、读过柏拉图著作的人，他会一无所知。因为柏拉图把"明智""科学知识""技艺知识""理智""智慧"当作同义词来使用，而且经常并列。亚里士多德的部分目的就是区分这些柏拉图或多或少当作同义词看待的概念。

读者看到了明智是伦理德性定义的一部分："德性……是由某种理由定义的，凭借明智者（*phronimos*）定义了它。"（参见本书2.5节）拥有明智的人知道德性的中道区别于恶性的理由（或者证成）。正是这些理由在各种情况下决定了正义、诚实、勇敢等。

我会在下一章详细讨论明智。在这里，我们需要针对熟悉当代哲学的读者做出一些澄清。亚里士多德在一个地方说到，明智是关于实践问题的"正确理性"（VI.13.1144b27-28）。在一个意义上，这个措辞非常精确。明智是理性要素的德性，关乎与道德相关的行动领域。由于明智，我们知道实践真理。然而，在另一个意义上，至少对现代人而言，这样的措辞带有误导性。因为明智**不是**正确的理性，不是论证或者解释，也不是理性的活动，或者理性的动机，或者灵魂的理性部分（我提到的是"理性"一词在这个上下文里可能的五种含义）。明智是一种理智**德性**，拥有它保证了灵魂理性部分的一部分能够很好地发挥功能。明智保证了实践理性正常发挥功能，它并不是实践理性本身，也不是实践理性的全部功能。很多人都有实践理性，但是并没有明智。

第六卷的开篇给了我们极高的预期，在前两章里，它进一步提高了这些预期，诱惑读者认为，到第六卷结束他们可以得到关于幸福或者可以实现的最高的好是什么的精确答案。拥有这种预期的人注定会感到失望,因为他们不会得到预期中的答案。他们需要等到第十卷,但是如果没有第六卷他们也无法得到那个答案。假如没有第六卷,我们就会失去一系列哲学上令人赞叹的论述,它们也是一代代哲学家反复回到《尼各马可伦理学》的重要原因。

4.2 永恒之事和取决于我们之事(VI.2-3)

让我们来看看亚里士多德如何在第六卷引入明智。我们之前把灵魂分成了两个部分,理性的部分和非理性的部分(参见本书 2.1 节)。现在我们要对理性部分再做进一步的区分。

> **VI.3.1139b15-18**:让我们说灵魂通过肯定和否定把握真的方式有五种:技艺(*technê*)、科学知识(*epistêmê*)、明智、智慧(*sophia*)和理智(*nous*),而看法和信念可能是错误的。

读者会被这段看起来非常奇怪且不够清晰的话阻碍。但是亚里士多德在 VI.1-2 给出了对灵魂理性部分的完整区分,并且给出了一些初步的解释(图 1):

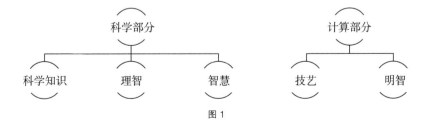

图 1

(1)"科学"这个词出现在两个地方,理性灵魂的一部分被称为"科学部分",这部分灵魂的三种德性之一被称为"科学",另两种德性是"理智"和"智慧"(我们还不知道它们的确切含义)。这个歧义性并不妨碍我们理解文本。

(2)理性灵魂在科学部分和计算部分之间的区分对应于灵魂不同部分拥有的关于不同对象的不同类型的知识。在不同知识对象之间最重要的区分是必然而永恒的知识与可变的知识。灵魂的科学部分关乎前者,而计算部分关乎后者。

但是这个区分并不是非常精确。首先,计算部分并不关乎一切可变的事物,而是只关乎那些因为人的参与而变化的事物,也就是"取决于我们"的事物,这些是我们基于技艺生产的东西,以及那些基于明智与道德相关的行动。相反,它不关乎不是由人类干预导致的变化,也就是月下世界的所有自然变化,从下雨到任何生物的变化,这些是亚里士多德自然哲学关注的领域。相同的困难也和科学部分有关。亚里士多德的理论科学有三部分:神学、天文学和数学。它们都以永恒和必然的存在为对象。但是物理学、生物学等等也是理论科学,虽然它们的对象要经历生灭变化。它们是科学知识,正是因为它们既不是技艺性的也不是实践性的。但是,亚里士多德把科学的对象限定在永恒和必然的对象上,自然科学就被悬置了,没有被包括在科学或计算的灵魂部分之中。

(3)灵魂的计算部分针对那些通过人的因素带来变化的事物进行计算,或者是通过技艺或者是通过道德行动。计算部分让我们在每个情况下去考虑具体的因素,从而判断什么是好的什么是坏的,不管是生产活动还是道德行动。与此相反,灵魂的科学部分并不进行这样的计算，因为没有任何新的或无法预见的东西会出现，因此不需要考虑当下的情境。不管怎样，"计算的"这个词都制造了新的歧义性，因为它可能让我们认为这部分灵魂只涉及计算，但是这并不是它实际的意思（我们随后会看到这一点）。因为亚里士多德有时候会交替使用"计算的"和"思虑的"，这个歧义性就变得更加严重了。一个匠人拥有目的（比如说建一座房子），正义之人也有目的，不义之人也有目的。我们已经反复强调过，在匠人和道德行动者之间的差别，以及正义与不义者之间的差别，本质上讲总是关乎他们的目的。**计算的领域是促进人类目的的东西的领域**。但是对思虑和计算的强调看起来关注的是手段，而非目的本身。

好像上面提到的这些复杂情况还不够，亚里士多德还会交替使用"意见性的"（doxastikon，也就是形成信念的灵魂部分）、计算和思虑。这使得理解上面的区分变得更加复杂，因为亚里士多德有时候将"意见"与我们对永恒事物的把握联系起来（参见III.2.1111b31-33），而在当前的语境下，意见的对象只是技艺和明智涉及领域的对象。

（4）科学知识、理智、智慧、技艺和明智是让我们能够把握真的理智能力：它们是思想的状态或理智的状态。事实上，它们看起来总是把握真（与意见相反）。但是我们在这里需要非常小心，因为科学知识和技艺的理智状态是一些能力，与伦理德性的状态不同，它们可以产生相反的结果。我们要记得，作为匠人的医生，基于相同的医学知识，既可以治疗又可以毒死人。事实上，在理性灵魂的每个部分都只有一种理智德性：智慧是科学部分的德性，明智是计算部分的德性（VI.2.1139a15-17, b12-13）。除此之外，这是对灵魂理性部分进行二分带来的结果。作为德性，它们并没有双重用法，并且代表了每个部分的更高能力（我们还不知道这个说法是什么意思）。

亚里士多德在第六卷对灵魂理性部分的刻画并非没有困难，也不是和亚里士多德在《论灵魂》中给出的图景完全吻合。然而，这并不能让我们得出结论认为，第六卷分析的基础是不稳固的。相反，我们需要意识到，这个对灵魂理性部分的刻画完全是功能性的，由此帮助我们认识到我们在定义明智时出错的真正原因。这些错误的来源是科学知识、智慧和技艺经常会侵占明智的位置。第六卷的目的是保卫明智免受这些"篡权者"的伤害，虽然我们最终会看到，其中一个"篡权者"有着我们之前低估了的资格！

4.3　科学和智慧（VI.3, 6-7）

我们先来看第一个"篡权者"：科学。

> VI.3.1139b19-32：【1】我们都认为，我们以科学的方式知道的东西不会有所不同……因此，以科学的方式得到认识的东西是必然的。因此，它是永恒的，因为那些无条件必然的东西都是永恒的，而永恒的东西不会生成或毁灭。【2】此外，每种科学看起来都是可教的，可以用科学的方式认识的东西就是可学的……【3】因此，科学知识是一种产生证明的状态。

第4章 科学、智慧与技艺

【1】明确指出科学的对象是永恒的事物，也就是依据自然必然的、不经历生成与毁灭的事物。关于这些东西的真论述都是以绝对和不变的方式有效的，比如关于天体运行轨道的论述。显然，亚里士多德在这里使用的是一个非常窄的"科学"概念，只包括了神学、天文学和数学。这些对象是不可毁灭的，因为它们并不包括任何我们在月下世界看到的物质元素（水火土气）。月下元素的问题在于，它们从来不是统一的，总是混合的，并且在性质上差别很大，结果就是，它们会抗拒形式。一个铜制的球从来都不是完美的球形；一个由血肉构成的身体最终会衰败和死亡。不管我们对人体的知识多么全面而精确，它也不会给我们提供某个具体身体的知识，哪怕只是它此时是否存在的知识。这并不适用于神学、天文学和数学的对象。神学的对象是我们在《形而上学》第十二卷里遇到的神，他完全没有质料，因此是永恒的纯形式或纯实现（XII.6.1071b20-21）。天体有某种质料，但不是月下世界的质料。它们的质料被称为"以太"（aethêr），它是绝对均质的，它们的运动也是绝对同质的圆周运动。数学对象是经过抽象得来的，也不同于月下世界的质料，它们只有"可理知的质料"（intelligible matter）。这就是为什么只有这些对象能满足亚里士多德的理论科学要求的严格条件。

科学知识的其他特征适用于包括自然科学和技艺的每一种知识。【2】指出了每种科学依据自然都是可教的。因为科学是一种理智能力，任何拥有科学知识的人都知道对象的理由或原因，也可以对其他人解释这些原因。如果他们不能解释，这就意味着他们并不真的拥有相关的知识。

从【3】里面，我们了解到，亚里士多德所说的"科学"和我们今天理解的"科学"有部分对应。科学完全是一种"**产生证明的状态**",也就是从基础性的起点出发用正确的方式产生正确结论的能力(因为你可以碰巧或者用错误的推理得出正确的结论)。然而,关于始点的知识本身并不是科学的一部分,这是另一种认知能力:理智(nous)。这两者的结合,也就是某个既有科学知识又有理智的人的理智能力就是智慧。*

如果我们记得智慧是灵魂科学部分的**德性**,那么就很容易理解它为什么会篡夺明智的位置。事实上,当我们意识到智慧是沉思生活的德性,正是它在最高程度上实现了人的幸福,我们就会理解为什么智慧对明智的首要性造成了挑战。这个争执是整部《尼各马可伦理学》的驱动力:它首先在 I.5 引入,作为两种并列的生活(实践的和沉思的),它在 VI.12-13 得到了充分的表达,最终在第十卷得到了解决。我们会在讨论到第十卷的时候处理它,因为只有到那时我们才知道关于这个困境的全部事实。

因此,智慧有很好的理由成为明智的篡夺者。那么科学呢?科学是一种能力,不是一种德性,它关乎永恒的事物而非人类事物,它没有关于始点的知识,而只是一种证明性的能力。**那么在什么意义上它可以宣称自己占有明智的位置呢?关于永恒和必然事物的绝对精确的知识削弱了明智的价值,因为明智是(1)大多数情况下如此,缺少绝对的精确性;(2)不是建立在确定的始点之上,而

---

* 亚里士多德强调"智慧"并不是任何领域的理智加科学,还需要加上关乎最高贵的对象,也就是天体和神这样的对象。——译注

** 作者在前面承认科学是一种德性。即便对第一原理的把握属于另一种德性(理智),能够从第一原理出发构造演绎推理,也足以让科学有资格被称为"德性"。——译注

第 4 章　科学、智慧与技艺

是建立在不确定的和总是可以修正的信念之上；(3) 关乎具体的事物，缺少以完全普遍的方式理解事物的能力。严格科学代表的那种知识标准让明智和政治哲学（关于这两个词的重叠，参见本书 5.4 节）看起来**并不**构成严格意义上的"知识"，就好像它们只是揭示次级真理的方式。这里的陷阱在于，要么彻底否认存在关于幸福和人类行动的真理，要么宣称即便确实存在某种真理，它也不是明智和政治科学的对象。

这个危险是真实存在的，不仅在亚里士多德眼中如此，如今也依然如此，在当代有一种倾向，要把关于人生的真理还原为自然科学的真理。在《尼各马可伦理学》和《政治学》中，亚里士多德努力通过解释政治学是何种科学来避免这种危险。

当然，正是亚里士多德本人通过引入科学的区分带来了这个问题。一方面，他确实会讨论"政治科学"（I.1），或者"实践科学"（《形而上学》VI.1.1025b21），或者"人类事务的哲学"（X.9.1181b15），或者"政治哲学"（VII.11.1152b1-2）。然而另一方面，正如我们已经看到的，他一度将数学、天文学、神学包括在严格意义上的科学之中，它们的对象是永恒不变的事物。但是，在一个宽泛的意义上，自然科学也是理论科学（比如生物学或者关于自然的研究）。它们的论述也是在大多数情况下成立的，就像政治学的对象一样（参见本书 2.7 节的"离题话"）。这个关系意味着政治学就像自然科学一样构成了一种科学。

然而，这还不足以让我们把政治学（或者技艺）和自然科学放入一组。因为自然科学和严格的理论科学还有一个共同点，那就是它们都以真理为目标。但是实践科学似乎并非如此，它们的目的是正确的行动（《形而上学》II.1.993b19-24）。让我们看看这个新的难题如何在《尼各马可伦理学》中得到体现。

> **I.1.1095a5-6**：[政治学的]目的不是知识而是行动。
>
> **II.2.1103b26-30**：因为当前的著作不是为了理论科学，像其他的著作那样，因为我们进行这项研究不是为了知道德性是什么，而是为了成为好人，因为否则的话它就没有益处，因此我们必须要研究与行动有关的问题，我们应该如何做它们，因为就像我们说的，行动也控制着产生的状态。

这个新的区分似乎削弱了政治学成为真正科学的资格。然而，我们已经有了一些办法去平衡这一点，因为我们已经表明，政治学拥有它自己的始点（比如幸福的定义和伦理德性的定义），也像每一种科学那样有自己的现象需要考察（参见本书 1.2-1.3 节）。有很多文本都主张我们要学习关于实践事物的（真）定义。下面的文本在这方面说得更加清晰：

> 《政治学》III.8.1279b11-15：我们需要更多讨论每一种政体是什么，因为这里有一些疑难，对任何一种探究而言，用哲学的方式进行都是恰当的，而不只是拥有实践的目的，不忽略或遗漏任何东西，而是搞清楚关于每个事物的真理。

因此，实践科学的目的**确实是**发现真理。幸福、伦理德性、完美城邦的定义等等都是这种类型的理论真理。对于实践科学而言，特殊之处在于，我们确认真理的领域是人生和行动。因此，实践科学可以是真理，**当且仅当**它可以通过人类行动和人类的政治机构得到确证，或者是我们可以直接看到它们，或者是经过恰当的训练或培养它们就可以出现。在这个意义上，实践科学的目的是我们变成好人。虽然这里的实践科学不是我们今天理解的理论性的实践，或者"应用性知识"或者"应用伦理学"，但是在一个意义上，确认一个实践科学的唯一办法就是看那些它应用到其上的人是不是真的好，是不是真的有德性，是不是真的幸福（我们会在本书第 5 章讨论这个问题）。

此外，亚里士多德指出，如果有人想要把政治哲学变成这样的理论科学，那么就标志着他的无知，更不要说土气。一个有良好教养的人，也就是一个非常熟悉各个科学领域的人（他无须完全拥有这些方面的科学知识）会要求这个学科所允许的精确性。

> **I.3.1094b11-25**：如果精确程度适合它的主题，我们的论述就是充分的，因为我们一定不能在所有的论述里追求相同程度的精确性，就像在各种技艺里那样……因为一个有良好教养的人（*pepaideumenou*）的特征是寻找每个学科的自然允许的精确程度，因为显然，从一个数学家那里接受有说服力的论证就像要求修辞学家给出证明。

熟悉某一种科学，包括不要求在所有领域统一的真理标准，科学论述必须符合它们的具体情况。把政治科学还原为某种不同种类的科学不仅是错误的和（政治上）危险的，而且是缺少教养的标志。

4.4 技艺（VI.4）

我们现在来看看技艺，这是和明智身处同一个房间的篡权者，因为它们都在灵魂理性部分的同一个部分里，即理性计算的部分，而这本身就会制造某种竞争：

第一，一个人很容易混淆技艺的产物和明智的产物。比如，虽然一个人不大可能混淆某个勇敢的行动与某个数学对象，但是他很可能会说勇敢就是在战争中坚守阵地（好像伦理德性就是一种技艺，产品就是坚守阵地）。

第二，在这两种德性里，都会产生目的与手段关系的问题。我们看到，至少有一种理解我们追求和避免的事物的方式与有用和有利相关，而这正是目的与手段的关系。如果好显得有利，如果有利之物遍及技艺和明智的领域，那么在这两个领域之间的差别就开始变得模糊，甚至彻底消失。

第三，从《尼各马可伦理学》的开头，亚里士多德就利用来自技艺和生产领域的例子解释明智涉及的问题。医学、建筑、体育和雕塑是他最喜欢的例子（我们在关于人类功能、中道以及如何获得伦理德性的论证里看过）。然而，如果技艺是一个理解明智的良好指引，如果前者的对象与后者的对象相似，它们之间的区别也会变得更加不清楚。

因此，技艺在亚里士多德的伦理学中扮演着格外模糊的角色就绝非偶然了。它同时是一个室友、一个助手和一个篡权者。因此，我们要给它格外的关注，即便亚里士多德只花了几行讨论它：

第4章 科学、智慧与技艺

VI.4.1140a1-14：【1】可以允许不同情况的包括可以生产的和可以在行动中实现的。但是生产和行动是不同的……因此，包括理性的实践状态不同于包括理性的生产状态。这两种状态也不互相包含，因为行动不是生产，生产也不是行动。【2】……技艺是伴随真的理性的生产性状态。【3】每种技艺都关乎生成，也就是关乎生产事物和从理论上把握某种可能存在也可能不存在的东西，【4】它的起点是在生产者那里而不是在产品那里。

【1】解释了为什么分析技艺是伦理学研究中不可或缺的部分：因为生产（*poiêsis*）和道德行动（*praxis*）看起来并不是两种完全不同的东西。这就是为什么亚里士多德反复指出这一点，仅仅区分它们是不够的。我们需要以各种方式表明生产不是行动，行动也不是生产。在每种情况下我们都会被要求明确指出我们把某个东西看作技艺产品还是道德行动。比如，把教学（*didaxis*）、学习（*mathesis*）、治疗（*hygeiansis*）等都归入技艺，就是把适合技艺的正确标准应用到它们身上。不是不可能把"教学"看作某种由"老师"展示的伦理德性，我们今天就是这样做的，但是如果那样的话，这个活动就不会被看作严格意义上的生产活动，评判它的标准也不再根据技艺的标准，它的定义也会被用另一种不同的方式表达。

技艺在【2】里得到了定义。它是一种理智状态，允许我们把握对象中的真（因为它涉及"真的理性"），它的目标是生产某个东西。我们可以来看一个简单的例子：什么构成了建筑的技艺？建筑的匠人知道如何恰当地（而不是犯错误或者偶然地）建造一座好的房子，当他们知道：（1）建造房子需要什么材料，这些材料的性质；（2）建造房屋的精确步骤，先做什么后做什么，以及这些先后顺序的理由；（3）给什么匠人提供什么必要的材料（比如，制作砖块的匠人），应该信任谁，应该从他们每个人那里要求什么（虽然了解建筑的技艺并不会让建筑师成为这些从属性技艺的行家）；（4）必要的工具有哪些，如何使用它们，如何指导使用这些工具的人。建筑师了解与建造房屋有关的原因。他们更接近今天说的城市工程师，而不是建造者。亚里士多德心目中的建筑师并不拥有手工艺人的技巧或者身体的力量，这一点很说明问题。他们并不是实际操作的人，并不会一块一块去垒砖块。这些是手工匠人的工作，这些人有时候只是运用自己的身体，除了服从命令的基本理性能力之外，再没有更多的理性技巧。

【3】进一步澄清了在技艺这种认知状态中包含了什么样的知识。它关乎那些随着人的干预可以变化的事物，更具体来讲，关乎那些可以明确区分出两个阶段的事物：一个是制作的过程，另一个是制作的结果。在《尼各马可伦理学》I.1，我们已经看到了这个有些奇怪的意象：只要制作过程还在继续，就还没有房子（而只有砖块），一旦房子建好了，就不再有建造过程了。建造者只拥有建造过程的知识，一旦房子建好了，即便建造者消失了，房子的存在和质量也都不受影响。

这个关于技艺知识拥有者的描述不应该给我们造成这样一种印象，也就是技艺的领域是完全确定和安全的。我们不要忘了，亚里士多德的世界包括了可以有所不同的事物，依赖质料的不确定性和

第4章 科学、智慧与技艺

抗拒性。比如，医生的技艺可能非常完美，但是如果病人的身体遭受了不可逆转的伤害，医术也无法达到期望的效果，即让病人重获健康或者继续存活（参见《修辞学》I.1.1355b12-14）。质料的不确定性是无限的、不可预料的，在很多情况下就其想要的产品而言是灾难性的。在亚里士多德的世界里，匠人只有关于质料属性的知识，而不对某个具体时间出现的质料负责，就像医生不会为初见病人时病人的状况负责，或者老师不会为第一节课时学生的状况负责。技艺的使用和对它的可能批评，都基于它如何使用或者塑造现有的质料。

质料的参与在另一个更复杂的意义上加剧了技艺及其产品的模糊性。这是因为有关的质料并不总是自然的，而是其他匠人在一系列或高或低的技艺中的产物。我们可以看一个简单的例子：在一个足球队里有训练师、运动员和教练员。训练师有如何恰当训练运动员的技艺，运动员必须听从教练的安排，而教练应该考虑每个具体运动员的能力。我们看了比赛，这个球队输了，那么这是谁的错呢？是教练员（他是主导性的匠人和计划者）给了错误的指示吗，是运动员没有遵守教练员给出的指示吗，还是说运动员本身就不是"足够好的质料"，或者是训练师没有把运动员调整到最好的状态？这样的模糊性是不可避免的，经常是无法解决的。但是在亚里士多德的整个月下世界都有这样的模糊性，在这个始终流变的物质世界中，质料扮演着决定性的作用，而不只是在生产或者行动的领域。

【4】回到了制作者和最终产品之间的区分，但是用了新的方式：制作的始点在制作者而不在产品那里。"始点"在这里指的是（1）匠人把握产品的本质；（2）匠人可以利用自己的知识开始一个

幸福为什么很重要？

生产过程。不管怎样，质料不会自己移动建成一座房子，这里需要制作者的干预。产品的重要性在于，即便有我们之前讨论的那些模糊性，能确保制作者实际拥有相关技艺的只有产品的质量，也就是匠人理智中的形式在多大程度上成功地转移到了最终的产品之中。

问题依然存在：我们为什么需要在技艺和明智之间，在技艺性的生产和道德行动之间做出截然的区分？我们已经从《尼各马可伦理学》的开篇看到，后者与德性和幸福有关，而前者只关乎制作活动。今天的我们可能会想，人生致力于某种技艺活动，让它成为你幸福的中心难道不合理吗？比如致力于音乐、艺术、医学、造船或者农业？如果我们理解亚里士多德对这个问题的答案，我们就可以更清楚地看到他区分行动和制作的理由，同时也可以理解他为什么认为技艺是一个非常危险的篡权者。

为了做到这一点，我们还需要亚里士多德技艺概念的两个细节。第一个是，在作为理智能力的技艺中包括欲求或欲望的元素是错误的，也就是加入某些让我们有动力去实践它的动机。比如，知道如何建造房屋并不是开始建造房屋的动机，知道如何治疗病人也不是开始治疗他人或自己的动机（《论灵魂》III.9.433a4-6）。第二点与第一点有关，技艺并不是目标的批判者。医生知道如何制造健康，但是他们并不拥有关于健康价值的科学知识。建造者的任务并不是决定城邦需要多少房子，需要什么样的房子，他们只知道如何建造房子（III.3.1112b11-16）。

但是这些都并不能得出投身艺术、医学或者任何其他的制作活动是愚蠢的。我们需要反对的是，认为拥有了某种技艺知识（比如医学）就提供了足够的动机或证成，让我们想要运用它们（比如成为医生或者成为医生之后就持续实践医生的技艺），或者想要让这些行动成为我们实现幸福的途径。很显然，有些人可能通过他们投身其中的技艺来理解自己的幸福。但是这个理解并不是因为他们拥有了这个技艺知识本身，也不是来自这种技艺知识。这种理解需要明智。能够证成他们决定的也是明智，我们在下一章就来详细考察它。

拓展阅读

关于亚里士多德在《尼各马可伦理学》里对灵魂部分的划分，参见 Shields 2015。一个简短但全面的对亚里士多德"科学"概念的介绍，参见 Reeve 2012: 58-92。Dunn 1993, chs. 8, 10 对于理解亚里士多德的技艺概念依然很有帮助。Broadie 2007: 85-100 批评亚里士多德给出了一种"去心理学的"（depsychologized）技艺概念。Annas 2011, ch. 3 利用亚里士多德的技艺模型去分析我们如何获得伦理德性。Kontos 2014: 207-216 给出了对《尼各马可伦理学》IV.4 关于技艺知识的详细讨论。

第 5 章
明　智

5.1　明智作为正确决定的德性（VI.2, III.12）

明智是这样一种理智德性，它让我们可以把握在行动领域中的真，也就是实践性的真（practical truth）。为了展示它的复杂性，我们先来列举一下因为拥有明智，灵魂的计算（或思虑）部分能够正确地或者有德性地完成的功能：（1）正确理解幸福是什么，什么行动和实践目的可以让我们获得幸福，因此明智包括了亚里士多德所谓的"政治学"，它是关于普遍物的科学；（2）去探索和发现恰当的手段或方式去实现我们认为可以促进幸福的目的，而这要求（2a）正确的思虑（*euboulia*）和（2b）聪明（*deinotês*）；（3）在每个具体的情境中对每个道德行动的具体构成要素的正确感知（*aisthêsis*）（我们可以称之为"明智的感知"[phronetic perception]）；（4）拥有德性去正确地判断思虑涉及的事物，这是理解（*sunesis*, comprehension）；（5）推动行动的动机，亚里士多德用（5a）决定（*prohairesis*，或经过思虑的选择）和（5b）规范性的力量（*epitaktikê*）来解释它。还有更多：如果没有伦理德性，就不可能实现明智本身。

是不是只有当人们正确履行了所有这些功能之后才拥有明智？正确履行任何一项功能是否必须要履行所有其他功能？如果获得明智那么困难，就不会有那么多拥有明智的人，因此我们可能会问，他们是不是非常稀少，或者构成了一种范导性的典范（regulative paradigm），人们无法达到只能接近。

明智这种令人好奇的本质在过去两个世纪里让哲学家和不同领域的思想家（法律、管理、教育学等）热切地探索或者化用亚里士多德的明智概念。毫不夸张地说，明智在当代获得了它完全应得的复兴。图2展示了上面提到的明智的各种功能：

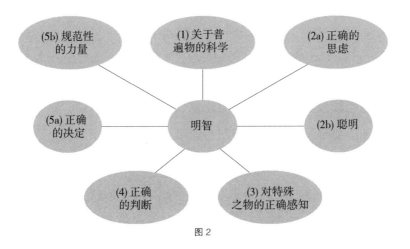

图2

为了清楚起见，我会从解释正确的决定开始，虽然在讨论这个问题的章节（VI.2）完全没有提到明智。"决定"在下面这段文本里得到了详细的分析（我们在本书2.1节讨论伦理德性的时候也遇到了这段文本）：

VI.2.1139a20-1139b5:【1】野兽有感觉但是并不分享行动。【2】在思想中的肯定与否定,在欲求中就是追求和避免。因此,既然伦理德性是进行决定的状态,而决定是经过思虑的欲求,那么理性必须是真的而欲求必须是正确的,如果决定是好的,那么一个必然主张的东西就是另一个必然追求的东西。【3】这就是实践思想和实践真理……在关于实践思想的部分,好的状态与正确欲求是一致的。【4】就行动而言,始点——运动的来源而非目的——是决定。【5】就决定而言,始点是欲求和为了某物的理性……【6】这就是为什么决定或者是欲求的理智或者是思想的欲求;【7】人就是这样的始点。

接下来我们要仔细考察这段文本中的七句话。【1】说了野兽(还有小孩)并不分享严格意义上的"行动"。为什么是这样呢?因为他们缺少必要的理智能力让他们决定要如何行动。然而这个解释却需要一些限定。对于熟悉亚里士多德生物学的人来讲,这个观点看起来可能有些可疑,因为亚里士多德有时候不仅会赋予动物普遍意义上的理智能力,甚至会赋予它们明智(《动物志》VIII.7.588a25-b3)。但是这里并没有不一致,在《尼各马可伦理学》第六卷,明智有着非常狭窄和技术化的含义,因为它是规定我们应当如何行动才能达到我们可以给出证成的目的的理智德性。与此不同,动物只能把目的和手段联系起来,而它们的目的不过就是它们欲求或者需要的东西。猫知道跳起来扳门把手可以进屋吃到东西是一回事,知道这样做对还是错、正义还是不义、礼貌还是不礼貌是

第 5 章　明　智

另外一回事（《政治学》I.2.1252a15-18）。在当前的语境下，理解什么是正义或不义等，被看作决定的一个必要组成部分，不管最终是不是正确。

【2】给出了进一步的澄清，虽然依然有一些不够清楚的地方。这里的核心概念是"欲求"和"理性"。欲求的部分是和伦理德性相关的，而拥有理性的部分才是和思虑相关的（参见本书 5.2 节）。好的思虑是考虑恰当的手段去实现目的的能力，虽然目的本身并不是思虑的对象。比如，医生思虑他们如何治愈病人，而不去思虑健康是否有价值。因此，如果决定的理智功能只和思虑有关，我们就会得出结论说，决定只和我们选择去实现目的的手段有关。虽然【2】可能会让我们做出这样的理解，但是【6】防止我们这样理解，因为它指出决定也和理智（nous）有关，也就是和把握行动的目的和始点有关。这样看来，决定的理智部分就有两个功能：第一，和理智有关，把握好，比如理解正义是好的；第二，和思虑有关，指引我们达到某个具体的结论，也就是在某个具体情境之下正确地行动，比如一个具体的正义行动。

然而，【2】还增加了决定中要包括欲求的要素，也就是和我们的动机有关的要素。我们知道欲求必然包含在行动之中。这给出了一个理由表明伦理德性为什么如此重要。事实上，伦理德性被定义为"做出决定的状态"，它们很好地塑造了欲求，属于灵魂的欲求部分，而不是理智部分。它们确保欲求服从理性，而不是把欲求变成理性。因此，既不是伦理德性本身也不是欲求主导着决定。尽管如此，品格状态对于我们做出正确的决定是必要的条件。如果品格状态没有得到很好地培养，我们的欲求就会犯错，达不到恰当的强度。这就是为什么【2】强调好的决定只有在好的欲求基础上才有可能。但是决定从头到尾都是理性的,并不发生在欲求的领域。欲求是以其他方式和决定相关的。

在【3】【5】【6】中,我们了解到这个方式是什么,它们对同一个说法给出了三种不同的变体,并且对【2】中提到的"正确的理性"做出了一些澄清。在【3】里,亚里士多德讨论到"实践思想和真理"。在一个意义上,对于理论和实践理性而言,"真"总是意味着那是真的而不是假的。正确的行动是使得实践真理成真的东西(使真者)。但是亚里士多德在这里关心的并不是实践真理的使真者(我们之后会讨论到它),而是它成为可能的条件,也就是说,我们做一个好行动的可能性本身。这些条件虽然是两个(正确的理性和正确的欲求),但总是应该被看作成对出现:"与正确的欲求相符的真"和"欲求与理性"说的是同一件事。这个在欲求和理性之间的一致,并不是在碰巧正确的欲求和碰巧为真的理性之间的一致。在决定中,欲求和理性相互依赖,将它们分离是错误的:没有"正确欲求"的"真的理性",或者没有"真的理性"的"正确欲求"都是虚幻的。这也是亚里士多德为什么创造了"欲求的理智"和"理智的欲求"这样的表达。如果说在没有正确欲求的情况下不可能有关于行动目的的正确理性,那么在一个人欲求中的任何错误就对应了实践理智中的错误,反之亦然。这就是为什么我们应该用两种互补的方式理解亚里士多德说的"决定":一方面,这是一个描述性的分析,说明了欲求和理性相互依赖,并因此相互一致;另一方面,这是一个对"好的思虑"的规范性分析,以真的推理和正确的欲求为条件,也就是说以它们之间"最好的和谐"(《政治学》VII.15.1334b10

第 5 章 明 智

为条件。因此,欲求和推理之间的协调或一致,并不是一个规范性的标准,一致性并非正确性。

但是这个在理性与欲求之间相互交叉的关系带来了很多错误的观点,我来讨论影响最为广泛的几种。

有人可能会认为,欲求和理性根本不可区分,即便是在概念上也不可区分。但是在亚里士多德的框架内这么认为是错误的,因为他非常明确地说欲求和理性分别属于灵魂不同的部分,还说孩子拥有欲求但是并不拥有完整意义上的实践理性。即便是在讨论决定的语境下,【2】也表明了欲求与理性有着不同的功能,理性肯定和否定,欲求追求和避免。知道**实践性的真**确实意味着被"好"吸引,也就意味着要追求它。但是这并不意味着在欲求和理性之间有完全的融合。

还有人可能会主张,欲求给出了关于好的观念,而推理只负责思虑手段。亚里士多德说,"决定关乎促进目的的东西"(VI.3.1111b26-27)。确实如此,但是【6】表明决定与理智有关,它总是和起点、目的有关,而不是手段,在决定中,理性肯定或否定,也就是接受或反对被欲求的对象。换句话说,虽然欲求或多或少把我们引向好(或者表面的好),在有关决定的问题上,好是由理性塑造的。此外,这就是为什么决定与想望密切相关(III.2.1111b19-20)。我们需要记住,想望是一种理性的欲求(《论灵魂》III.9.432b5):我们想望某个东西(也就是目的)**因为**我们认为它是好的(参见本书 2.4 节)。虽然决定和想望并不是一回事,但是想望包括在决定之中,理性欲求的目的(也就是实践性的目的)

也包括其中。①

欲求和理性之间的一致或合作让决定可以像【4】说的那样成为"始点,也就是运动的来源,而不是目的"。决定为什么是行动的起点看起来非常明显:一旦我知道了目的(因为实践理智),知道了要做哪个具体的行动(因为思虑),并且有相应的欲求,那么如果没有什么阻碍,我就可以直接采取行动了。说决定**不是**行动的目的看起来平淡无奇,但是这个说法意在防止读者认为做出正确的决定就是一切的结束了。然而,决定反映了我们推理和欲求的方式,也就是我们是什么人。但是亚里士多德把我们的注意力引向了一个危险的边缘,让我们忽略在实践真理的领域,决定的最终对象是行动本身。在一个意义上,决定依然是一个内在过程,而实践真理的使真者是做出相关的行动。亚里士多德在第十卷解决了这个模糊性:"人们争论是决定还是行动在德性中更具有主导性,因为看起来它依赖两者。它的完整性显然依赖两者。"(X.8.1178a34-1178b1)如果我知道一个人的决定,就知道他是不是有德性。但是想要认识决定的质量,只能通过它带来了什么样的行动。就行动而言,如果对它们的评价独立于带来它们的决定,那就是把它们排除在真正的道德评价范围之外。如果没有做出的行动,决定就只是悬置在灵魂内部;而没有决定,行动就缺少道德价值。

根据【7】的看法,决定与人的本性有着本质性的联系,"人

---

① 那么,想望和决定之间的差别是什么呢?亚里士多德强调,我们并不只是想望那些取决于我们的东西,也会想望那些不可能的、超出人类能力范围的东西。比如,有人可能想望不朽(III.2.1111b22-23)或者"同时做两件事,或者相反的事"(《形而上学》IX.5.1048a21-22)。相反,决定只关乎那些取决于我们的事情。

就是这样的始点"。我们再次看到了【1】中提到的观点，即其他动物和孩子都不会出于决定行动。如今的我们也在一定程度上接受这一点，因为我们不认为孩子要对他们所做的事情负责，也不认为有些拥有反社会人格的人可以出于决定而行动（至少在经过某些限定之后是这样）。不幸的是，亚里士多德否认女性和自然奴隶可以做出决定。*亚里士多德犯下这个错误的原因是坚持了一种毫无根据的关于女性自然本性的生物学，和一种同样错误的关于"自然奴隶"的看法。幸运的是，这些无法接受的错误可以很容易地从亚里士多德的实践哲学系统里排除掉，不会破坏他的核心主张。

5.2　思虑和聪明（VI.9, 12, III.3）

我试图把明智的组成部分或者"辐条"放在一起加以考虑。我从决定开始，因为它非常好地刻画了问题的复杂性。在这里我们也遇到了"思虑"的概念。亚里士多德经常提到这个概念，很多《尼各马可伦理学》的读者甚至有这样的印象，认为明智就是让我们可以进行良好思虑的理智德性。下面的话可能会带来这样的印象，比如"对于拥有明智的人，我们说良好的思虑是最重要的功能"（VI.7.1141b9-10）。然而，这句话存在些歧义。首先，正如我们在前一节强调的，明智关乎整个决定的领域，而思虑只是决定中的一

---

* 亚里士多德并没有完全否认女性拥有思虑和实践理性能力，只是认为她们的实践理性能力或者实践理性对欲望的控制力相对男性较弱。——译注

个理智性的功能。亚里士多德这样分析思虑：

> **VI.9.1142b20-23**：【1】良好的思虑看起来是一件好事，因为正是思虑的这种正确性是好的思虑，也就是获得某种好的思虑。【2】然而，一个人可以通过错误的推理达到这个，也就是说，达到一个人应当做什么，但并不是通过一个人应当的方式，因为中项是错误的……【3】此外，一个人可能思虑很长时间才能达到，而另一个人很快就能达到。前者还不是好的思虑，好的思虑是符合有利的、关于做什么、如何做、何时做的正确性。【4】此外，有可能无条件地思虑得好，也可能相对于某个具体目的思虑得好。无条件的好思虑正确地促进无条件的目的，具体的好思虑促进某个具体的目的。【5】拥有明智的人的特点是思虑得好，好的思虑就是在促进目的方面有利的正确性，关于它明智是真的把握（true supposition）。①

思虑是一个过程，让我们可以发现实现目的的方式（也就是正确的手段和行动）。为了找到这些手段和行动，一个人应当考察或者计算什么能够促进目的。从宏观的视角看，思虑在制作和行动的领域都有。事情越复杂我们越需要进行思虑。比如，我们并不思虑

---

① 希腊文"在促进目的方面有利的正确性，关于它明智是真的把握"具有一定的模糊性，因为"关于它"可能是指"在促进目的方面有利"也可能指"目的"本身。后者是比较自然的理解，古代的注疏家在这方面没有提出任何疑问（Eustratius, CAG XX 364.15-25; Heliodorus, CAG XIX/2 127.28-34）。

第 5 章 明 智

如何写下字母表,但是要从事医学或者航海,不进行思虑几乎是不可能的。

要对思虑进行分析,我们的目标是给出一个定义,一方面将制作和行动放到同一个概念之下,另一方面又能够帮助我们理解它们之间的差别。

【1】用一种看起来中性的方式强调了正确的思虑是达到某种好。因此,虽然成功的盗贼正确地考虑了实现目的的手段,我们并不认为他们的思虑是正确的,因为他们的思虑并没有带来真正的好,而只是达到了某些对于盗贼来讲显得好的东西。

思虑看起来像是某种正确的三段论:前提和把前提连接起来的推理都必须是正确的,这样结论才能是正确的。而这正是【2】的意思。我们可以从医学中借用一个例子来帮助理解:

[大前提] 白肉是有利于健康的;
[小前提] 这块肉是白肉;
[结论] 这块肉是有利于健康的。

要让这个结论正确,两个前提必须是正确的。比如,如果这块肉不是白肉,那么结论就是错误的,即便这块肉因为其他原因有利于健康。错误在于思虑或探究的过程要找到一个中项去解释或者证成结论(在这个例子里,这个中项就是"白肉")。这样的错误也可能出现在大前提里。正确的思虑是从正确的前提推出正确结论的能力。

现在,让我们来看一个狭义的实践三段论的例子,这个例子与道德行动有关：

[大前提] 正义的行动是我认为的幸福的组成部分；
[小前提] 在这个具体的场合，这个行动是正义的；
[结论] 做这个行动。

有些人在大前提上犯错，比如不义之人认为一个不义的行动会促进他们的幸福；也有些人在小前提上犯错，比如有人可能错误地认为某个行动在当前的语境下是正义的。其他人达到了正确的结论，做出了正确的行动，但并不是通过正确的三段论，比如他们可能做了一个正确的行动，但是为了利益而做。关于大前提的错误是关乎行动始点的错误，关于小前提的错误是关乎"明智感知"的错误（参见本书5.3节），并不是关乎我们如何把前提连接在一起的错误。

实践三段论的大前提需要进一步的澄清。因为思虑并不关乎行动的目的："我们不是思虑目的，而是思虑促进目的的事物"（III.3.1112b11-12）。即便如此，除非大前提是正确的，否则思虑本身及其结论也不可能正确。也就是说，目的的正确性和对行动始点的正确理解是正确思虑的必要条件，因此只有拥有明智的人才思虑得好，卑劣之人不可能思虑得好。关于思虑过程中目的的考量，让我们也可以区分制作领域的思虑和行动领域的思虑。因为只有从这个角度，我们才能区分对某些具体的制作性目的的思虑与关于整个人生和幸福的思虑。除此之外，这两个思虑过程看起来非常相似。比如，它们都与时间有关，正确的思虑都会考虑到问题的紧迫性

第5章 明 智

（参见本书2.7节）。更重要的是，与目的的必然联系让我们可以理解为什么明智是产生好思虑的德性：因为正确理解行动始点的能力是明智关注的问题。【5】讨论了这一点。

亚里士多德的思虑概念当然意在强调我们道德行动中的理性特征，它们依赖某种正确的三段论，而不是某种神启或者单纯出于冲动的反应。然而，它同时也意在说明，实践三段论的结论是做正确的行动本身，总是错失做正确行动这一目标的人，不管他们的思虑多么正确，也不是有德性的，他们并不拥有明智。

VI.12.1144a23-29：事实上，有一种能力被称为"聪明"，有某些东西能够促使我们命中目标，聪明就是做这些事情和命中它们的能力。如果目标是高贵的，这个能力就值得赞赏，如果目标是卑劣的，它就是不择手段。然而，明智并不是聪明的能力，但是没有这种能力明智就不存在。

聪明是找到正确的手段去实现随便什么目的的理智技巧。它看起来像是好的思虑，如果我们独立于目的去考察好的思虑。卑劣之人和有德之人都可以聪明。因此，与好的思虑不同，聪明这种能力可以产生相反的结果：它可以实现好的或者坏的目的。这很好地契合了现代的"工具理性"概念。然而，最重要的是，明智**必然**包括聪明，拥有明智的人应该是聪明的，也就是能够找到实现他们目的的最佳手段。

5.3 明智的感知（VI.8）

现在，我们知道了实践三段论的小前提关乎具体事物。我们在本书 2.7 节考虑道德行动时，遇到了具体事物的概念，在那里我提到实践推理也需要完成某种感知性的功能，我称之为"明智的感知"。明智与这种正确而准确的对具体事物的感知有关：比如说，它可以准确而可靠地确认，在一个情境下，正义或不义的行动是什么。在一些阐释者看来，与这个问题相关的文本是《尼各马可伦理学》里最困难的，我下面尝试给出一种能够达到基本共识的阐释：

> VI.8.1142a23-30：【1】显然，明智并不是科学；因为我们说它关乎最终的事物，因为可以在行动中做出的是这类事物。【2】因此它与理智相反，因为理智关乎没有理由的词项，但是明智关乎终项，关于它没有科学知识而有感知，【3】但不是感知特殊的对象，【4】而是像我们感知数学对象中的最终事物是一个三角形，因为它也会停在那里。但是这更多是感知而非明智，虽然是另一种感知。

【1】强调了明智不是探究永恒和必然对象的理论科学。虽然它也会达至普遍之物（参见本书 5.4 节），在这里亚里士多德强调明智和普遍意义上道德经验的对象都是具体的，也就是"最终的事物"，它们的变化取决于人们的行动（这个"最终的事物"被称为 *prakton*，"可以在行动中做出的事物"）。出于相同的理由，明智

第 5 章　明　智

与理智（nous）相反。这并不是说完全没有实践理智，这里强调的重点在于明智并不是关于始点的知识，而是关于具体事物的感知。

【2】让我们认为明智是一种正确的感知能力。但是因为我们的灵魂只有五种感知能力，【3】就解释了这种明智的感知"不是感知特殊的对象"，这些是五种感知的对象，因为五种感知都有它们各自的对象，其他感知无法通达（《论灵魂》II.6.418a11-16）。比如，只有视觉可以看到颜色，只有听觉可以听见声音，等等。明智的感知不是这样的感知。它确定的是正义或不义、诚实或欺骗、勇敢或怯懦的行动或事态。比如，一个非常饥饿的孩子偷了一个面包。我们需要判断这个具体的行动是正义还是不义。要做到这一点，只知道一些普遍的原则是不够的，比如正义是好的，哪些行动是正义的。我们需要能够辨认或者感知在具体行动中的正义。

明智的人感知到了什么呢？亚里士多德很清楚地意识到，这个答案不可能非常清晰。因此【4】给出了一个类比：明智的感知"像我们感知数学对象中的最终事物是一个三角形"（我们需要注意，这句话的意思不是"通过它我们感知到三角形是最终的事物"，一些阐释者错误地翻译了这句话，并由此混淆了明智的感知功能与思虑功能，好像明智的感知本身就是一种探究）。这个类比很有帮助。我们可以想象自己在解决一道几何题，一个非常复杂的图形，里面有很多彼此交叉的线条和图形。要解决这个难题，你必须要寻找最基本的图形，我们可以像亚里士多德那样设想，这些基本的图形是三角形。但是知道有关三角形的几何规则是一回事，在一个复杂的图形里辨认这些三角形是另外一回事。前者是普遍性的知识，而后者是感知性的知识或技艺。

明智的感知与这个几何学的例子类似。我们从一个难题开始，比如关于如何行动的决定，或者判断一个我自己或其他人已经做出的行动是否正确。要做到这一点，我们需要分离出在这个具体情境下显著的和相关的要素。在前面提到的那个关于小孩偷面包的例子里，这些要素包括了孩子的年龄和偷窃的本质。明智的感知在人们所可能实现的程度上可靠地确定这些要素，从而让我们可以看到行动或事态的道德品质。为了充分发挥作用，明智的感知需要经验，之所以在道德事务中看得正确是"因为他们有来自经验的眼睛"（VI.11.1143b13-14）。与此不同，无法感知到这些特征就像是色盲一样。

因此，我们无须惊奇，当代道德实在论会非常依赖亚里士多德的"明智的感知"这个概念。

5.4 明智的定义（VI.5-6）

现在我们可以来考察明智的定义了：

> VI.5.1140b4-6：因此剩下的可能性就是，明智是一种带有理性的真的状态，一种可以实现的状态，关乎对一个人来讲好的或坏的东西。

明智是一种"状态"，特别是一种理智状态，这一点我们已经从本书4.2节了解到了。"真的状态"听起来可能有些奇怪，因为亚里士多德经常说"真的理性"，而不是"真的状态"。然而，理智状态指向真,或者以真为目标,因此它们的功能就是把握真。

明智是一种**实践性的**状态。一方面,明智关乎行动者自己的行动,对他来讲好的和坏的东西,目标就是做这些行动:"明智者的典型特征看起来就是能够正确地思虑对他本人来讲好的和有利的东西。"(VI.4.1140a25-27)从这个角度看,明智是规范性的(VI.10.1143a8),它指引着决定,促使行动者采取行动。

但是《尼各马可伦理学》还给出了一种关于明智更加宏观的图景,把它看作**普遍意义上的**关于实践事物的知识,而不仅仅是指引我们决定的理智德性。上面提到的明智定义就是这第二个含义的标志,这里强调的重点在于对人来讲整体上的好与坏。从这个角度看,明智让我们知道什么样的行动在大多数情况下对人来讲是恰当的,或者什么样的行动对某个人群来讲是好的或坏的(这些人群包括自然能力、年龄、性别、政治环境等等),不管是在具体情境下还是抽象地讨论。(对普遍意义上的人或者个体的人来讲什么是好的或坏的,在我们讨论幸福的时候有所涉及。在当前的语境下亚里士多德并没有增加什么内容,只有VI.13有所不同,我们会在本书9.1节讨论这一章。)

我们如何获得明智呢?亚里士多德没有直接讨论这个问题。它显然要求某种教育,就像所有的理智德性一样,比如《尼各马可伦理学》和《政治学》里面给出的教育。此外,人们还需要经验,就像技艺这种同样关乎具体事物的理智状态一样,或者"经验之眼"。关于什么的经验呢?亚里士多德没有说,但是我们可以认为这些经验包括了我们或他人做的道德行动,这些行动的结果,我们如何评价过去的行动,好运和厄运对人生的影响,什么样的感觉或欲求让我们更容易或更难做出正确的判断、正确的决定、让我们遵从最好的判断，等等。①

但是这样还不够。获得明智还需要拥有伦理德性。虽然明智本身是界定中道，也就是界定伦理德性的标准，但是除非我们的伦理状态得到恰当的塑造，我们就不可能获得明智。亚里士多德随后会用一个精心挑选的比喻来描述没有被败坏的品格状态，把它说成是我们拥有明智的前提条件：习惯必须要事先做好准备，"就像滋养种子的土地"（X.9.1179b26）。然而，品格状态对我们获得明智的影响要到我们在本书 6.2 至 6.5 节分析败坏的品格状态对这种能力的影响之后才会完全清晰。

那么明智的对象是什么呢？明智是关于行动的理智德性，它关乎两种实践知识：首先，它关乎行动始点的知识，这一点我们在政治学里已经有所了解（这个始点就是幸福的定义）；其次，它是一种准感知性的知识，指向具体的行动和事态。没有拥有这两者的人就不是明智者。这两者不能彼此替代，也不能相互产生：

VI.6.1141b14-16：明智也不是仅仅关乎普遍。相反，它

---

① 亚里士多德说的"经验"（*empeiria*）并不是今天说的"经验"（experience）。我们今天说的"经验"是某种心灵过程或发生的事件，比如保存在记忆中。而在亚里士多德那里，情况是相反的：记忆带来了 *empeiria*，虽然并不必然如此。我们可以设想张三感知到李四发烧了，张三给了李四蜂蜜水，然后李四的体温降低了，这个联系被保存在了记忆之中。张三还感知到给其他人蜂蜜水也能退烧。张三也把这些联系保存在了记忆中。如果张三把喝蜂蜜水和退烧联系在一起，张三就有了一个"经验"，因为"很多记忆形成了一个经验"（《后分析篇》100a5-6）。因此，*empeiria* 是一种认知上的成就：它并不是自然地生长出来的，也不是简单地累积感知或记忆（参见《形而上学》I.1.980b25-981a12）。

第 5 章 明 智

必须要知道具体事物，因为它是实践性的，而行动关乎具体事物。

在本书5.3节，我解释了明智中包括感知性的知识。我们要如何理解其中的普遍性知识呢？如果它和政治学里包括的知识相同，明智和政治学是不是重合的呢？

亚里士多德在《政治学》和《尼各马可伦理学》里探索的政治学只给出了关于普遍事物和相关的特殊事物的知识，它并没有与明智重合。它只是与明智里包括的普遍知识有所重合，但并非等同。这个重合只是部分的，因为这两种知识至少表明了两种重要的、无法消除的差异：

第一，明智中体现的普遍知识是真正实践性的和双重的知识，并不是像《政治学》和《尼各马可伦理学》里体现的那种自成一体的普遍知识。后者只是对那些人们需要关注的具体事物的理论性把握，而无需关注那些具体事物本身。与此不同，明智处理这些具体事物本身，并且对它们进行思虑，它的普遍性组成部分服务于实践的和指向具体事物的功能。换句话说，要写作《尼各马可伦理学》或者《政治学》，政治学家并不需要运用正确的明智感知或者公道这种非常精微的能力去处理具体事物。

第二，《政治学》和《尼各马可伦理学》展示和包括了那些在大多数情况下成立的始点，在这个意义上，它们适用于大多数情况，并且带有纲要性。然而，这并不意味着它们的始点是不稳定的和易变的，好像再写另一部理论著作就可以得出新的、不同的幸福定义或者伦理德性的定义。明智与此不同，虽然明智者的好决定稳

幸福为什么很重要？

定地建立在相同的、坚实的始点之上，但是他们把这些始点运用在时时更新的决定、思虑和实践三段论的大前提中，它们是每个具体的人在每个新的情境下做出的新的决定、思虑和实践三段论。因此，虽然这些始点本身是坚实的，但是从明智者的角度看，它们又是可变的，建立在每次都是新的决定上。换句话说，明智者不可避免地在两个意义上经历始点：一方面，他们作为明智者，可以不费力气或者无需思虑地将正确的大前提用在新的具体行动中；另一方面，每次的始点都要根据当下行动的要求被具体给出或补充，在这个意义上，它们又是可变的。在这个意义上，说行动的始点可以变化并不奇怪（VI.5.1140a33034；《欧德谟伦理学》II.6.1222b41-42）。

5.5 理解（VI.10）

到现在为止，我在之前的图 2 里提到的明智的所有组成部分或者"辐条"，还差一个部分，也就是正确的判断。亚里士多德把它与"理解"（*sunesis*, comprehension）联系在一起。这是一个不太容易处理的主题，因为亚里士多德的分析有些飘忽和模糊，而且只有 10 行。然而，这个主题配得上在伦理学的导论里占有一席之地，因为在现代哲学里，这个主题得到了复兴和长篇讨论，特别是伽达默尔之后的阐释学家。

VI.10.1142b34-1143a15:【1】理解，也就是好的理解（good comprehension）……不同于科学……它也不是处理具体领域的

第 5 章 明 智

科学，比如医学关乎健康……理解不关乎总是如此和不变的东西……而是关乎那些一个人可能会感到困惑和思虑的东西。【2】这就是为什么它和明智关乎相同的东西；【3】虽然理解不同于明智。因为明智是一种规范性的德性，因为它的目的是应当做什么和不应当做什么，而理解只是判断性的（kritikê）。因为理解和好的理解是相同的……【4】就像当一个人用科学学习某个东西被称为"理解"，当一个人讨论与明智相关的话题时，另一个人用信念去判断也是如此，这就是正确的判断。

在【1】中，亚里士多德反对柏拉图对于可朽事物知识的负面看法（比如在《克拉底鲁》411a，412a 里），不把理解等同于科学知识。理解不是在灵魂的科学部分里，因为它不是关乎永恒和不变的事物，而是关乎与思虑相同的事物。理解属于灵魂计算的部分，也就是思虑的部分。然而，它也不应该被包括在技艺之中，因为它关乎和明智相同的事物，那些是严格实践性的，而非科学的或技艺性的。但是，根据【3】，理解虽然是实践性的，但是又不同于明智。而这个差别的原因在于明智是规范性的，而理解**仅仅是**判断导向的。

但是"**仅仅是**判断导向的"到底是什么意思呢？这并不是说理解具有某种缺陷。因为毫无疑问，理解确实是某种理智德性（I.13.1108a7-8），因为在【1】和【3】里，亚里士多德都将理解和好的理解等同起来。这里的对照毋宁是某种**分类学**上的。就它是规范性的而言，也就是在可以开启和指引行动的意义上，明智围绕决定这个行动的始点发挥作用；而理解不是规范性的，它的功能在决定之外,由此推论,理解做出的实践判断不是动机性的。

这里我们面对一个阐释上的两难:第一种理解是大多数学者的理解,相同理智状态的运用可以产生某种副属性的区分,而区分的依据是它在决定的领域之内(规范性的)还是之外(仅仅是判断性的)。从这种观点看,理解代表的是明智本身在特定情况下的应用,或者是对明智的某种修正。还有另一种可能的理解,即明智不仅能够做出正确的判断,而且是规范性的,而理解只能做出正确的判断,理解本身作为一种理智德性,可以独立于明智发挥作用,因为做出正确行动所需要的认知和伦理状态不同于决定之外的正确判断所需要的认知和伦理状态。因此,有些人只拥有理解而不必然拥有明智,他们可以在决定之外正确地判断实践事物,但是他们有时候无法做出完全正确的决定。不幸的是,VI.10 并没有给我们足够的证据支持这两种阐释中的任何一种。

不管我们想要如何解决这个开放的问题,都需要首先避免两个关于理解的错误看法。第一个关乎它的对象。亚里士多德在【4】里面说,理解是"另一人"用到的。有人会由此推论,理解只和他人说的话有关,因此与给出和接受建议密切相关。在亚里士多德的系统里,这种他人指向性和理解、考量(*gnômê*)以及同情的考量(*suggnômê*)之间的密切关系有关,其中后两者与我们理解他人和他们所处的情境有关(VI.11.1143a19-24)。事实上,理解的典型场景是我们作为观看者去评价他人的行动。尽管如此,由此认为明智只判断行动者自己的行动,而理解判断他人的行动,还是过于武断了。因为这个结论与亚里士多德伦理学的精神不符,也没有把握到明智本身的政治导向和指向他人的方面,每当我们为了他人或者共

第 5 章 明 智

同体行动,明智的这个方面就会格外清晰(参见本书 5.6 节)。更重要的是,我们完全可以认为,理解也适用于考虑**行动者自己过去的行动**。这时理解大体上是回溯性的,考虑的是"我是否应当做我之前做过的行动?"

第二个错误的看法是:如果理解不是规范性的,那么它就是理论性的,因此不会受到人类欲求和情感的影响。但这是完全错误的。在《尼各马可伦理学》里,亚里士多德的看法始终都是,实践事物的一个特别之处就在于,我们的伦理状态部分决定了我们理解实践真理的理智能力,而不管我们处在行动思虑者的位置上,还是政治学讲座听众的位置上。然而,问题比这个要更加复杂。因为一方面,正是明智规范性的特征使得它要求明智者拥有伦理德性;另一方面,出于刚刚提到的理由,理解作为一种理智德性没有伦理德性看起来也是不可能的。因此,在亚里士多德的作品里寻找不涉及欲求或者实践事务中没有利害关系的观看者或判断者,也就是不管伦理品格如何都可以很好地判断实践真理的人,必定是徒劳和带有误导性的。因此,唯一有争议的问题就是,理解这种认知状态只属于拥有明智的人还是也属于其他类型的拥有实践始点(也就是对幸福的正确把握)的行动者。因为他们的状态不是卑劣的,虽然也不是完全有德性的。

我不会继续展开关于这一点的讨论。我希望到目前为止我们已经清楚了,亚里士多德的理解为什么成了现代关于道德判断的讨论的基石,这种道德判断评价我们或者他人做出的事态或行动,也判断比如说我们在文学作品中读到的情节。在阐释学中,理解被看作最有代表性的阐释性德性(hermeneutical virtue)。

5.6 明智的分支（VI.8）

在第六卷中，亚里士多德的分析好像明智是一种理智德性，关乎我们自己的行动或者其他人的行动。但是在 VI.8 里，他引入了一种广义的明智，适用于我们所有的行动领域，不管是家政管理还是政治统治。我不会详细讨论这些复杂的内容，只想强调，强加给亚里士多德伦理学某种个人主义视角是一种年代错乱的做法。

> **VI.8.1141b23-33：**【1】就关于城邦的明智而言，最具有主导性的部分是立法学（*nomothetikê*），而关于个别事物的部分拥有两者共同的名字"政治学"。这个部分是实践性的和思虑性的，因为法令是可以用行动实现的，是最终的事物。因此只有这些人才被说成是参与政治，因为只有他们用手工匠人的方式行事。【2】关乎个人自己的明智看起来尤其是明智，正是它有着所有种类共同的名字。关于其他种类，一个是家政管理、一个是立法学、一个是政治学，就后者而言一部分是思虑的，另一部分是司法的。

在【2】里，亚里士多德让我们拓宽明智的概念，这样就可以应用到四种不同的实践知识上：（1）一种关乎行动者自己的狭义的明智；（2）家政管理；（3）立法；（4）狭义的政治学，可以进一步区分为（a）思虑性的，（b）司法性的。这个措辞上的澄清至关重要：所有这些种类的实践知识都例示了明智的不同分支，都应该满足前面提到的要求：根据定义它们应该包括普遍的和具体的知识。

第5章 明 智

否则,它们就不能构成不同形式的真的实践**知识**,或者说它们就不能构成**实践**知识。

我只想针对"立法学"或者立法性的明智说几句,因为它是最有挑战性和最有启发性的例子。Ⅵ.8的文本让读者认为,至少是暂时认为,立法学只处理普遍事物,而不讨论具体的事物。只有政治学才处理具体事物。

乍看起来,亚里士多德给出了三个说法:第一,立法学只关乎普遍事物,而只有政治学才关乎个别事物,因此亚里士多德看起来只是指出了我们已经很熟悉的在法律的普遍性和法令的个别性之间的对照。第二,立法学与严格意义上的行动无关。第三,立法学既不是实践性的,也不是思虑性的。但是这里的"立法学"(1141b25)非常模糊。因为假如这三个说法说的是立法性的明智,它们从亚里士多德自己的立场看,都是完全站不住脚的(也就是1141b32提到的**立法学**)。因为立法性的**明智**必然拥有两个分支,一个是普遍的知识,另一个是指向个别的知识。卓越立法者理智性的实践状态使得他们可以正确和可靠地实现立法这种政治行动。因此,毫无疑问,立法性的明智虽然不同于政治学,但也是实践性的和思虑性的。事实上,在《政治学》第八卷里,亚里士多德观察到行动中的卓越立法者,并且考察了立法者为了完成他们的工作必须要考察的具体事物。这些具体事物包括要建立的(或者为之立法的)城邦的大小、土地、与海洋的距离、海军力量、政治规定等等。

上面提到的这些明智的类别彼此有什么差别呢?差别不可能是它们包括的普遍知识,因为所有的类别都需要关于行动始点的知识,也就是关于幸福本质、构成要素、可能性条件的知识。差别必然在于它们关注的具体事物。在这方面我想提出下面两个观点：第一，明智的四种类别所处理的具体事物在种类上彼此不同，因此没有人可以只拥有其中一种而没有与之相关的具体经验。第二，与这四种明智相关的经验在结构上彼此不同，因为在具体事物和普遍事物之间的距离或者鸿沟在不同情况下也是不同的。比如，政治学给了我们比《尼各马可伦理学》中与道德行动相关的要素（谁、何时、为什么、通过什么手段等）具体得多的关于政治事物的**理论**论述。因此，我们有理由认为，明智者在有关他们自己的事情上运用的明智的感知（phronetic perception）大体上有着高度开放和模糊的领域，而立法者所需要的明智的感知在更加实质的意义上依赖相对于不同政体的普遍知识。比如，找到具体城邦的正确大小是一项比找到关乎勇敢和正义的中道更加需要理论的工作。

《尼各马可伦理学》第六卷是对明智的独特颂歌。但是我们会在本书 9.1 节看到，这一卷的最后几行把明智降到了仆人的位置，从而给对于智慧（*sophia*）的颂歌创造空间。或者并非如此？这是困扰《尼各马可伦理学》的一个悖论，而对它的解决（如果确实能解决的话）只能等到这部作品的最后，也就是这部导论的最后。

拓展阅读

读者应该从 Reeve 2013 对第六卷的逐行注疏开始。Olfert 2017, chs. 2-3 提供了更加晚近，同时非常具有挑战性的对实践真理的论述。关于亚里士多德的明智概念对从海德格尔以降的现象学和阐释学传统产生的巨大影响，参见 Kontos 2018b。关于决定和思虑，

第5章 明 智

参见 Segvic 2011。McDowell 1979 和 Wiggins 1987, ch. 6 给出了对亚里士多德的感知模型的最受关注的论述。关于一个在古代和现代注疏者中间历史悠久但是如今不再流行的对明智性感知的理解，即把它理解成对于共同感知对象（common sensibles）的感知，参见 Kontos 2013: 32-53。关于理解的概念，参见 Gadamer 2004: 309-319 的开创性分析，以及 Kontos 2021, ch. 1。关于明智的分类和立法知识，参见 Kontos 2021, ch. 2。

第 6 章
恶性、自制、不自制与兽性

6.1　不自愿行动（III.1）

在前一章，我详细讨论了明智之人。但是成为这样的人要求极高，我们甚至有理由怀疑在我们周围是否真的有这样的人，或者拥有明智是不是一个无法实现的理想。不管怎样，如果这样的人真的存在，也是极其稀少的。我们其他人都不是他们那样，虽然我们与他们之间的距离也不是同样远。亚里士多德把我们这些人划入四个类别：卑劣之人（*phaulos*）或者恶性之人（*kakos*）、自制之人（*enkratês*）、不自制之人（*akratês*）、兽性之人（*thêriôdês*）。我会逐一讨论这四种人。

然而我们需要首先弥补我们讨论中的一个缺憾。从本书开始以及从《尼各马可伦理学》开篇，我们讨论的都是道德行动、道德经验、道德德性等等，有一个当代读者预期会扮演重要角色的概念在我们的讨论中还没出现：自由。如今，自由的概念是任何道德理论中的核心要素，即便自由到底是什么意思依然是一个争议很大的问题。但是在《尼各马可伦理学》里，这完全不是问题。首先，在亚

第6章 恶性、自制、不自制与兽性

里士多德那里完全没有接近笛卡尔之后的现代主体概念，或者康德的超验自由概念。古代人当然很熟悉政治自由的概念，它来自自由人与奴隶的对立。但是它在道德上的意义却非常单薄。在亚里士多德这里唯一接近现代自由概念的就是自愿（*hekousion*）和不自愿（*akousion*）之间的对立。① 然而，为了避免错误的匹配，我们应该记住两件事：第一，自愿行动与不自愿行动之间的对立在赞赏与指责这样的社会实践基础上产生（III.5.1113b21-33），而不是来自关于自由选择的自我意识。第二，关于自愿的论述建立在有些事情可以所有不同，而人类行动就是这样的事情（参见本书4.2节），因此我们对做或者不做它们负责，也就是说"它们取决于我们做或不做"（III.3.1112a18-26）。下面我们来看亚里士多德的文本，并且用一张图（图3）来帮助我们理解相关的区分。

【1】III.1.1110a15-18：自愿行动

事实上，他在行动中移动他的工具性部分的始点在他之内，因为始点内在于他，那么做或者不做它们也取决于他。这样的行动就是自愿的。

【2】III.1.1111a20-24：自愿行动

自愿的行动看起来是始点在行动者自身之中的，当他知道行动之中的具体情况（另参见 III.1.1110b4, III.5.1113b19-21）。

---

① 《欧德谟伦理学》II.7-8 中的讨论更具有辩证法的性质（参见本书7.1节）。虽然它从一个不同的角度加以发展，焦点在"冲动"（*hormê*）的概念，但是它也使用了我们在《尼各马可伦理学》里遇到的概念。

【3】III.1.1110a1-3：由于强力的不自愿行动

不自愿似乎是由于强力或者因为无知的行动。被迫的行动就是始点来自外在的行动，行动者或者说被动者对这样的始点毫无贡献，比如风或者控制他的人把他带到某个地方。

【4】III.2.1110b18-24：由于无知的不自愿行动

然而，所有因为无知（di'agnoian）而做的行动都不是自愿的，当它伴随着痛苦和懊悔时就是不自愿的（akousion），因为如果有人由于无知而做了某些事情，但是并不认为他的行动有什么可鄙之处，那么他就不是自愿地行动，因为他并不知道他做了什么。但是他也并不是不自愿地行动，因为他并没有因为这个行动而痛苦。那些由于无知行动的人里面，因为自己所做的事情而感到懊悔的人似乎是不自愿的行动者。而不感到懊悔的，就是另一种情况，我们说他是非自愿的（non-voluntary）行动者；因为他是不同的，我们最好给他一个特别的名称。

【5】III.1.1105b5：混合行动

这些行动，虽然就自身而言是不自愿的，但是在那个情境下为了交换这些东西，是自愿的。

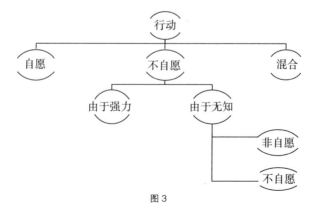

图3

第6章 恶性、自制、不自制与兽性

【1】表明自愿行动是始点在行动者自身之中的。我们知道决定是行动的始点（参见本书 5.1 节）。然而自愿行动的范围比决定要大得多。比如，由于愤怒或意气的行动没有事先的思虑或决定，然而这样行动的始点在我们之中。因此，我们需要一个更宽泛的概念来解释这里所说的"始点"。【1】表明这个问题取决于我们是否自己移动身体来做某个行动。然而这个说法并不能带我们走得很远，因为亚里士多德并没有在这个方向上给出多少信息。更容易的办法是通过自愿行动的反面——不自愿行动——来理解。【2】说明了我们为什么需要这样绕路，因为自愿行动完整定义的两个部分，是两种类型的不自愿行动的反面。这两个部分分别是：（1）"始点在行动者自身之中"；（2）"他知道行动中的具体事物"。

根据【3】，那些由于强力的行动是不自愿的，因为这些行动的始点外在于我们，我们对行动的完成没有任何贡献。比如，有人抓住我的手打了坐在我旁边的人，这个行动是不自愿的，因为我并没有移动我的手，我也就不对这个行动负责。亚里士多德的例子是这样的："风或者控制他的人们把他带到某个地方。"（III.1.1103a3-4）

然而，在这些例子中有一些令人困惑之处。第一，我被一阵强风吹倒这样的事件显然不应该算作我的行动。那么我们是不是应该说，在亚里士多德的框架内，并没有真正的由于外力导致的不自愿行动呢？我怀疑这并不是亚里士多德的意图。他的意图是提醒我们一些我们经常会忽视或者隐瞒的因素，比如（1）我们经常会把我们本该抵挡住的诱惑或者外在压力当作替罪羊，为我们的行动开脱。（2）外在的强力和强迫在人生中确实广泛存在，在古希腊，僭主的虐待和侵犯是常见的例子，在一些极端情况下外在的力量也标识了人性本身的限度。这样的话，我们就需要承认作为行动者和旁观者的限度：作为行动者，我们有时候宁可选择死亡也不应该做可耻的行动；作为旁观者，我们有的时候要避免**要么**赞美**要么**指责，而是当面对的环境和困境超出了人性的限度时采取"同情的考虑"（sympathetic consideration，III.1.1110a23-27）。（3）有时候，当我们受制于外在限制或强力时，将自愿和不自愿的行动区分开是一件困难的事情。这也是亚里士多德为什么引入了"混合行动"的概念。

第二，有些事情是我自己做的，但是我是因为对真正的情境和行动的真正组成部分无知才做了这些事情（参见本书2.7节），比如我给了你某个我认为是药但其实是毒药的东西（在我不知情的情况下某人调换了瓶子）；再比如我不自愿地杀死了一个人，这并非我意图的行动。考虑到我们的道德经验和关乎具体事物的行动，这样的错误总是难免的，因为我们经常会对行动中的很多构成要素无知。幸运的是，这样的无知很少会对我们的行动有害；然而，在另一些时候，无知可能让人生经历悲剧性的转向。在古代，俄狄浦斯杀父娶母的事情是最典型的和最富戏剧性的例子。

我们现在理解了【2】为什么说自愿性要满足双重条件：行动的始点必须在行动者自身之中（从而区别于让行动者对行动毫无贡献的外力或强迫），**并且**行动者必须要知道行动的具体构成要素（至少是与道德相关的要素）。

显然，并不是所有与无知相关的行动都是不自愿的。因此这个分析依然需要进一步的澄清。（1）当无知关乎"好"的内容，它就是内在于决定的，而不管这个无知的原因是什么，因此这种情况就

第 6 章　恶性、自制、不自制与兽性

和不自愿无关。（2）那些标志着自制或不自制之人的无知或相反的冲动（参见本书 6.3 节至 6.4 节）也是无关不自愿性的（《欧德谟伦理学》II.7.1223b18-28）。（3）根据【4】，每当我们由于对具体的情境或者行动的构成要素无知而做了某些行动，并且在之后感到懊悔，这个行动就是在强的"反自愿"（counter-voluntary）的意义上不自愿的，也就是说与我们真正的道德品格**相反**。（4）如果我们并不对可耻的行动感到懊悔，也就是即便我们知道了真实的情境依然愿意做它，那么我们的行动就不是完全意义上的不自愿，而只是非自愿，它与我们的道德品格一致，虽然是偶然发生的。（5）当我要对我的无知负责时，无知就不能让我的行动成为不自愿的，也就是说在这种情况下无知的始点在我自身之中，比如，我醉酒驾车导致了一场车祸，这场车祸显然不是我想要发生的，也不是我有意识做的。但是我的行动并非不自愿，因为我在有意识的情况下把自己放到了无意识地应对具体情况的境地。我们可以说这些行动是"在无知**中**做的"，但并不是"**因为**无知"。

这些区分更多是基于经验而非理论。它们意在表明无知有很多种方式影响我们的生活和行动，并且列举各种我们要为之负责的无知形式：疏忽或者不愿意求助专家来治愈我们的无知，不愿意运用我们的批判性思维，更有甚者把我们的能动性置于他人或者运气的摆布之下。

然而，我们在【5】中看到，还有一些更复杂的情况，亚里士多德称之为"混合行动"。比如某人把我的父母当作人质，要求我去做一些违法的事情，否则就要杀死他们；或者在暴雨中，船长被迫扔掉货物从而拯救船上人的生命。我们做这些行动是因为如果不做代价是更大的恶,让我们失去一些很有价值的东西。这些行动是自愿的还是不自愿的呢?

乍看起来,它们似乎是不自愿的,因为假如不是我的父母被绑架了,我肯定不会自愿地做可耻的事情。换句话说,我做这件无耻的行动并非来自我的品格,行动的始点(在引发或导致行动的意义上)在我之外。这时,这个行动并非我会"无条件地做"的事情(III.1.1110a10),也就是说,如果没有这些完全超出我控制的不可欲的情境,我不会做这些事情。看起来,这些行动是因为外在的力量或强迫而做的,不管这些外力或者强迫是因为他人还是自然。但是亚里士多德会说**并非如此**。

他非常坚定地认为,这种表面看来很清楚的不自愿行动的例子至少由于两个原因而带有误导性:(1)它想当然地把行动的时机和相关的特殊情境当作了行动的外在因素,而我们知道,它们其实是行动本身的构成要素(参见本书2.7节);(2)它把这个行动看作两个前后相连的分离行动的集合,"**我做某个可耻的行动**"加上"**我为了救我的父母而做了某个行动**",好像可以把行动的目的看作简单附加的。

因此,我们应该认为,这些行动是**自愿的**,因为我根据我的道德品格进行思虑和决定做某个可耻的事情,是我自己做出的判断,那件事虽然可耻,但是那个行动服务于某个高贵的目的,而不做的代价太过高昂,也就是一个更加可耻的行动(比如我父母的死)。我的选择反映了我对于各种好的等级排序。比如,救我的父母有着比拒绝支付赎金更大的价值。这些行动是"混合的",因为在给定的情境下,它无法达到好的最大化(比如不可能既拯救我的父母又拒绝与绑架者合作)。不管这些行动被称为"混合的"还是"自愿的",它们是可赞美的还是可指责的都要根据行动者对"好"的排序确定。最重要的是,当目的是某种伟大的和高贵的东西时,混合的行动实现了真正的勇敢,因为它要求有德性的人忍受他们自己认为可耻或痛苦的事情。

因此,亚里士多德想要强调两点:第一,我们不该过于轻易地原谅自己,称自己做的坏行动是因为外力或强迫,因为如果是这样,那么大多数日常行动都可以算作是强迫的。**我们责任的范围要比我们倾向于承认的宽得多**。第二,对于人类境况而言,如果说可耻的行动总是代表了坏人或坏的品格,也未免过于残忍和无情了。人类的境况是,厄运、不义或者某些人心中的恶意是不可能被完全清除的,因此"好"经常要付出高昂的代价才能实现,在一些情况下有德性的人也无法避免做可耻的行动。也就是说,**"值得赞赏的人"的范围要比"纯粹好行动"的范围大得多**。

6.2 恶性(II.4)

让我们回到自愿行动。我们已经看到谁是拥有明智的人,他们如何行动。现在的问题是其他种类的人如何行动,也就是说,有多少种道德上错误的行动,以及有多少种道德错误的来源。

就恶性而言,其错误在于恶性之人(*phaulos*)误解了"好"的真正内容。

III.4.1113a15-b1:想望是为了目的,但是有人认为它是为了好，有人认为它是为了表面上的好……对卓越的人来讲，[想望的目标] 是真正想望的目标；对于恶性的人来讲，它就是任意的东西……因为快乐产生欺骗，快乐显得是好的但其实不是。

我们在本书2.4节读到过这段话。在这里亚里士多德明确在说，德性之人和恶性之人都有想望，或者理性的欲求（《论灵魂》III.9.432b5），这是人特有的，因为他们是理性的。苏格拉底在《高尔吉亚》里说表面上的好"根本不是想望的恰当对象"是错误的（III.4.1113a17-18）。亚里士多德认为想望的对象并不必然是真正的好，而只是"一个人认为的好"（《修辞学》I.10.1369a3-4）。即便如此，对于德性之人和恶性之人而言，想望的对象都是理性的目的，不是我们可能与非理性生物共有的那种欲望的目标。"想望就是为了目的。"

恶性之人的错误在于他们无法恰当地把握和欲求真正的好。比如，他们可能想望一些并不好的快乐。但是我们显然应当区分动物和小孩的非理性欲望对象带来的快乐，以及作为想望对象的快乐，也就是表面的好。只有后者构成了真正的人类关切。就后者而言，"想望在符合自然时想望着真正的好，而反对自然时想望的是坏的"（《欧德谟伦理学》II.10.1227a30-31）。我们需要强调，想望中的理性是目的导向的，而不是一种工具性的目的－手段理性，这对于德性和恶性之人的想望来讲都成立。因此，想望的对象可能被正确或错误地认为是好的，但是想望总是理性的。

有一种实践理性的状态让我们把某个东西认作可以实践的目的，但同时又没有认识到真正的好，这种状态被称为"缺少明智"

(*aphrosynê*)。在很多地方，缺少明智与愚蠢或疯狂无关，而仅仅是指让我们"把坏东西当作好的"（VII.12.1146a27-31），或者与不义或其他恶性相伴（《政治学》III.11.1281b26-28；《修辞学》I.10.1369b21-22，I.11.1371a12-13）。在《论德性与恶性》*中，我们读到了关于这一点最明确的说法："缺少明智是理性计算部分的恶，这种恶导致我们活得很差……关于事物的坏的判断……和关于生活中的高贵与好的错误信念……都属于缺少明智。"（《论德性与恶性》1249b29-30，1250a16-17, 1250b44-1251a2；另参见1249b29-30）

恶性与缺少明智并肩而行。而人们拥有德性还是恶性的唯一证据就是印刻在他们行动上的决定（参见本书 5.1 节）。在一个被广泛讨论的章节里，亚里士多德坚定地认为，我们只有通过做德性或恶性的行动养成德性或恶性的品格（II.4.1105b11-12），而不是通过论证和思想。这看起来非常琐碎，其实不然。因为有一种广泛传播的观点认为，德性与恶性首先刻画的是我们最内在的自我，我们的内心，或者我们隐藏的意图和思想，而不是我们的行动。

在缺少恶劣行动的时候，我们很难区分恶性之人与德性之人。因为他们看起来非常相似。如果跟随 II.4 的线索，这种相似性非常明显：（1）德性与恶性的行动仅仅来自德性或恶性的品格；（2）德性和恶性的行动之所以发生，是因为德性或恶性之人所拥有的知识，并且行动者**认为**他们实际上拥有真正的知识；（3）德性与恶性

---

* 这部作品在古代也被归到亚里士多德名下，但是因为学说和语言上的原因，如今的学者几乎没有人把它当作亚里士多德的真作看待。——译注

之人都是"由于他们自己"决定他们的行动，因为他们认为这些行动是高贵的（虽然事实上恶性之人把仅仅是有用的东西当作真正高贵的）；（4）德性与恶性是状态，因此有某种稳定性。

在亚里士多德看来，只有最后这一点看起来是恶性的表征。精确的表达是这样的：德性之人"从稳定和不变的状态出发"做他们的行动（II.4.1105a32-33）。首先，我们需要做一个澄清："不变"（ametakinêtôs）可能意味着"某个不可能改变的东西"，也可能意味着"某个很难改变的东西"。然而，我们知道（参见本书2.3节），品格状态确实会变化。最终的变化有三种：第一，德性之人可能变成恶性之人，这虽然很少发生，但也并非不可能，可能是由于厄运，难以忍受的人生境遇会破坏我们的德性。第二，从恶性到德性的转变可能因为理性的影响而发生，这个变化是少见的、不确定的、痛苦的、缓慢的、需要付出很多努力、需要有利的环境和好的引导。第三，在德性的范围**之内**没有变化，但是在恶性的范围**之内**发生着永恒的变化（我们会在本书8.2节看到为何如此）。现在我只需要给出一点线索，在一个意义上，恶性之人**稳定地**追求有利的和快乐的东西，因为他们把高贵等同于有利的，他们人生中的成功经常确认他们走在正确的道路上。从这个角度看，他们没有理由停止这种坏的生活方式。但是亚里士多德认为，在他们的人生中有很多嘈杂，他们会为很多东西懊悔，因为他们总是在从一个东西变到另一个东西，一切都取决于他们当下认为什么是有利的和快乐的。他们总是懊悔于在过去错过了促进他们**现在**认为有利或快乐的东西的机会。

6.3 自制（VII.2-4, 7-10）

我们中的大多数人既不是明智之人也不是恶性之人，我们是自制或者不自制的人。这两种状态在第七卷中得到了分析。

我们从自制者（enkratês）说起。自制是一种品格状态（VII.1.1145a15-16），代表了某种理智和伦理状态的结合与互动。简单来说，自制者知道真正的好是什么，但是也有一些低劣的欲望与真正的好斗争，最后对于好的认知获得了胜利，他做出了正确的行动。因此，这是一种混合的状态，与不自制相比，它显然是某种有价值的东西，就它可以克服很多人会臣服的低劣欲望而言，甚至可以说是某种成就，因此我们有理由说它是卓越或值得赞赏的（VII.2.1145b8-9, VII.1.1146a15, VII.8.1151a27, VII.9.1151b28）。然而，拿它和节制（sophrôsunê）比较的话，我们就不该把它置于"德性"的范畴之下，因为它包括了某些低劣的要素和不适当的痛苦，无法到达德性的标准，而自制依据定义就包括了这两种不足。

那么自制之人的失败意味着什么呢？鉴于自制是理智和伦理状态的结合，那么这里的失败也必然是欲求和理智上的。下面是关于这个问题最重要的文本：

> 【1】VII.2.1145b10-14：此外，一个自制的人看起来是可以坚持他的理性计算的人……知道他的欲望是低劣的，因为他的理性不跟随它们。

> 【2】VII.2.1146a9-12：如果一个人不可能是自制的，除非他的欲望很强并且很低劣，一个节制的人就不是自制的，一

个自制的人也不是节制的，因为节制的人没有太强或低劣的欲望。

【3】VII.9.1151a34-b3：自制的人和节制的人就是那种不会因为肉体快乐做违背理性的行动的人。但是自制的人有低劣的欲望，而节制的人没有，节制的人是那种不会感受到反理性的快乐的人，而自制的人是感受到这样的快乐但是没有被它带走的人。

在这三段文本中，亚里士多德用两种方式提到了欲望：第一，欲望可能会导致我们将快乐当作好，因此让我们混淆表面的好和真正的好。自制的人不需要经受这样的风险，因为在他们那里对真正的好的知识保存完好。第二，欲望可能让一个人迫切地去满足对有德性的人而言并非快乐的快乐。事实上，自制的人有这样的欲望，他们可以克服它们，但是他们是在经过了一场并不高贵的战斗之后才做到这一点的，他们没有能力远离这样的战斗。

这种欲望需要进一步的说明。第一，并不是所有的欲望都与自制有关，只有那些和放纵（*akolasia*）相关的欲望才和自制相关，也就是那些与触觉和味觉相关的快乐，这些是我们和动物共有的快乐。① 因此，我会称它们为"肉欲"。当性欲或者对食物和酒的欲望出现时，自制的人会受到这些低劣快乐的诱惑，而对有德性的人来说这些快乐毫无吸引力。

---

① 放纵与我们和野兽共有的欲望有关，我们完全无法把握行动的始点（VI.5.1140b17-20）。这就是它为什么存在于我们之中，"不是我们作为人而是作为动物"（III.10.1118b2-3）。

第6章　恶性、自制、不自制与兽性

第二，那些诱惑着自制之人的欲望不仅低劣而且强大。有多强大？很难给出明确的界定，但是在大多数情况下，区分自制之人与放纵之人的特征是，后者即便在肉欲并不强大的时候也会被引向低劣的行动（VII.4.1148a18-19）。用亚里士多德在第三卷里的例子，做出区分的一个方式是，在没有触觉对象出现的时候也会产生肉欲，某些替代品就足以引发肉欲。

在自制和不自制之人那里，肉欲的产生并非贯穿整个一生，而是在范围和持续时间上都有限制。**在范围上**，像性欲这样的肉欲并不会占据他们行动的全部领域，因为自制之人并不会像动物或者放纵之人那样总是要去满足过分的肉欲。唯一的问题是，在他们的灵魂中强烈的欲望确实在一些情况下被点燃，并且吸引他们，他们需要做出努力才能克服。**在持续时间上**，因为被激发是暂时的，就像那些不自制的人一样，持续时间并不是很长（VII.8.1150b34-35）。

那么自制之人思想上的失败又是什么呢？他们的问题在于，在经过挣扎做出了高贵的行动之后，他们没有从这种高贵性中感到快乐（而有完全德性的人会在这些行动的高贵性中感到快乐）。亚里士多德认为自制之人的独特之处并不在于他们无法认识真正的好，而是在于对这种认识的模态（modality）存在缺陷。他们对高贵有所认识，但是这个认识被遮蔽了，因为满足低劣欲望的前景也是快乐的来源，或者没有把满足低劣欲望当作可耻之事。他们的错误在于把本不该考虑的前提当作前提加以考虑，也就是那些在明智之人看来完全无关的考虑。他们服从理性，坚持他们的理性计算，在一场或许痛苦的反对欲望的战斗之后取得了胜利，这场战斗暂时让他们的灵魂失去了平衡。在整部《尼各马可伦理学》里，他们被刻画

成经过努力可以让正确的理性获得胜利的人。

他们失败的范围和时间上的限定也应该被考虑进去。自制之人并不总是无法看到未被遮蔽的高贵，而只有当他们低劣的欲望被点燃的时候这种高贵性才会受到遮蔽。如果认为自制之人总是可以平衡他们的肉欲，那也会显得非常奇怪和违反直觉。自制之人并不是完全盲目，**他们在理智上缺乏远见是普遍的，但只是在一些情况下才会让他们无法达到高贵**。另一种理解自制之人理智上的错误的方式是认为他们因为强烈的肉欲而没有关注本应关注的事物。自制看起来包括了对理性要求的弱化的和钝化，因为理智上的不足，从而**倾向于被带离正轨**。

6.4　不自制（VII.2-4, 7-10）

我们现在可以讨论不自制（*akrasia*）了。不自制的人（*akratês*）知道真正的好是什么，因此有正确的品格和正确的欲望，因为没有它们就不可能拥有真正的好。但是他们也有坏的欲望，就像自制之人那样。他们最大的区别在于，不自制的人在对抗欲望的战斗中败下阵来，从而做了道德上错误的事。我们如何解释他们的失败呢？

> **VII.9.1151a20-26**：但是有人因为情感（*pathos*）偏离正确的理性，与它相反，他被情感控制从而没有按照正确的理性行动，但是并不是被说服应当随意地追求这种快乐。这就是不自制的人，他比放纵的人好，不是无条件地低劣，因为在他之中保存着最好的东西，也就是始点。

第 6 章　恶性、自制、不自制与兽性

与自制之人不同，不自制的人由于他们的感觉和欲望在行动中反对正确的实践理性。这些感觉当然是低劣的，但是它们也有自己的独特性：它们**暂时**控制了不自制之人的灵魂，把他们引向错误的行动。即便如此，它们也并没有低劣到使得他们采纳错误的信念从而追求任意快乐的程度。这就是为什么上面这段话的最后一句说，在不自制者那里，"始点"，也就是对真正好的知识，得以保存。不自制者并不是恶的，因为他们并没有混淆表面的好和真正的好。尽管如此，他们暂时追求表面的好（也就是欲望和快乐），并且做出了低劣的行动，与他们知道为真的东西**相反**，也与他们关于这些欲望是低劣的信念**相反**（VII.3.1146b22-24）。

我们现在可以意识到不自制这种可能性中深层的疑难：如果不自制之人拥有的关于真正的好的知识是**实践性的**，那么它就应该引向正确的行动。那么不自制之人怎么可能与自制者和明智者拥有相同的实践知识，却在一些时候做了低劣的行动？他们怎么可能不总是并且可靠地做好的行动（VII.10.1152a9）？亚里士多德从柏拉图和苏格拉底那里继承了这个哲学上的疑难，具体来说是从《普罗塔哥拉》和《理想国》里。为了解决这个疑难，我们需要一些进一步的澄清：

第一，我们把分析限制在那些在节制与放纵的对象上表现出不自制的人，也就是关乎与触觉有关的快乐的人（VII.5.1149a21-24）。所有其他的情况都可以根据这个进行类比。

第二，不自制的发作只持续一段时间。在那之前和之后，不自制者都不是他们的欲望导致的无知的受害者。在他们受到影响之前，那种无知**尚未**出现，在欲望不再主导灵魂之后，这种无知也就

"得到了解决"(VII.2.1145b30-31, VII.3.1147b6-7)。因此，回溯地看，他们很容易被说服接受他们之前的不自制行动是个错误，从而表现出悔改之意（VII.8.1150b29-31, 1151a14）。当他们没有受到欲望的侵蚀性影响时，不自制者知道和追求真正的好。

第三，我们有必要区分作为永久品格状态的不自制和展现不自制的行动（后者是 akrateuomai，比如 VII.3.1146b25, VII.3.1147a24, 1147b1）。后者不自制的发作并不是持续的，而作为病态的发作就可能是某种永久性的东西。

第四，我们还有必要区分不同形式的不自制。比如，我们可以区分"冲动"和"软弱"这两种不自制（VII.7.1150b19-22）。前者是那些动作太快和充满激情的人的不自制，他们不花时间进行思虑、进行理性的考察，结果就是被他们的情感和表象引导。后者虽然进行了思虑，但是做了与思虑相反的行动。前者更容易解释，这些人就是没有理智上的耐心去进行真正的思虑，过于仓促地开始行动。而后者则是摇摆不定，因为这些人看起来分享着明智者和自制者的实践和思虑性知识，但是没有做出正确的行动。

第五，要解释为什么不自制者暂时受到了不自制的侵袭，我们需要诉诸生理学，因为某些东西似乎影响了我们的感觉和欲望，在不自制袭来之时麻痹了应用和激活我们知识的能力（VII.3.1147a15-18, 24-25）。这就是为什么我们很难不诉诸自然科学解决不自制的问题（VII.3.1147a24, b8-9）。这里的指导思想是，我们研究不自制的情感和欲望影响我们的方式，可以类比于生理学或医学研究灵魂肉体结合的现象，比如睡眠、中毒、疯狂，或者强烈的欲求（亚里士多德称之为"冲动"[melancholia]）。这个类比

第6章 恶性、自制、不自制与兽性

（VII.3.1147a10-25）意在强调，除非我们认为不自制者的灵魂在某种意义上存在缺陷，比通常人更容易受到激情的影响，否则不自制不可能得到恰当的理解。这个类比是这样发挥作用的：有些人的自然构成使他们喝下第一杯酒之后就醉了，也就是说在不会影响一般人的清醒的酒量上他们就已经醉了；或者像在做梦，或者由于强烈的激情有些表象（*phantasmata*）和梦中的场景出现在灵魂中，而当我们醒着的时候，感觉是表象的首要来源。与此类似，不自制也是一种生理现象。但所有这些都不意味着不自制**仅仅**是一种生理现象，或者不自制的人不用为他们的状态和行为负责。

诉诸生理学并没有让我们彻底解决不自制的问题，我们还没有说到不自制者拥有的那种实践知识。我们回忆一下苏格拉底在这个问题上的观点，因为在他的说法中总是有某些真实的成分（参见本书 7.1 节）。

VII.2.1145b23-24：就像苏格拉底曾经认为的那样，如果科学知识存在，另外的东西却处于掌控地位，并且像奴隶一样拖着它到处跑，那就是非常糟糕的。

苏格拉底部分正确部分错误。他正确的地方在于，那些完全拥有实践知识的人，在灵魂中不可能有什么东西颠覆知识，把他们引向相反的行动。因为，正如我们之前强调的，实践知识包括欲求的成分，并且建立在我们的伦理德性之上，也就是说，建立在正确发展的灵魂的欲求部分之上。因此，所有可以推动人类行动的东西，不管是直接的还是间接的，都在实践理性的影响之下。尽管如此，亚里士多德的苏格拉底还是在一个方面出了错，因为他得出了不自制不可能的结论，这个结论与我们的日常经验相悖。

对这个问题的解决方案与我们在自制者那里看到的情况相似。苏格拉底的错误，以及所有认为不自制是一个无法解决的难题的人的错误，都在于他们只通过对象理解知识，他们认为那些知道**相同事情**的人也共享着**相同的知识**。这个说法过于局限。相反，知识的质量或者种类会有若干不同的区分。第一个区分是在普遍知识和个别知识之间的区分。我们知道，在实践领域，我们应该拥有两者。因此，我们有理由认为不自制的人关于真正的好拥有普遍的知识，但是无法辨认此时此地什么是好的，也就是说不能在具体的情境中辨认出什么是应该追求的好。因为情感的影响，他们缺少把这两种知识组合起来并正确行动的能力（VII.1147b9-19）。然而，虽然有用，但是这样的区分并没有解释软弱的情况，因为在这里，不自制者得出了实践三段论的正确结论。这时候我们就需要第二个区分：

> **VII.3.1147a10-24**：此外，人们可以用一种不同于我们刚才描述的方式拥有科学知识，因为在那些拥有但没有使用它的人中，我们看到在拥有某种状态上的差别，因此一个人在一个意义上拥有在另一个意义上并不拥有它，比如，如果他睡着了、疯了或者醉了……但是他们可以说出符合科学知识的话并不意味着任何事情，因为那些受到这些情感掌控的人也可以背诵恩培多克勒的证明和诗句。那些初学某些东西的人把字词连缀起来，但是并不知道他们学到的是什么，因为它必须要生长成为

第6章 恶性、自制、不自制与兽性

他们中自然的部分，而这需要时间。因此，我们应当认为，这些不自制地行动者就像演员在舞台上讲话。

我们很熟悉这些情况。拥有知识至少意味着两件事：拥有并实现或运用它，或者只是把它作为能力或状态拥有，并没有应用。比如，建房子的人一直拥有建造房屋的技艺知识，即便在他们睡觉或喝醉的时候，但是他们无法应用它。与此相似，最恰当的描述不自制现象的方式，就是认为某些东西让不自制者的实践理性昏昏欲睡、睡着或者喝醉。在所有这些情况下，实践知识都暂时没有激活或者被麻痹了。重要的是，睡觉、疯狂、醉酒或者被强烈的欲望左右，是有共同之处的，最重要的就是表象（phantasia）和梦在灵魂中处于支配地位，并且让灵魂充满了与我们感觉到的东西不符的表象。与此相似，各种不自制的人在不自制发作的时候都没有运用他们的实践知识，或者说没有恰当运用这种实践知识。

因此，我们需要强调，不自制的发作是暂时的，不能运用我们的实践知识并不意味着完全缺少知识，而只是一种麻痹。然而，遭受这种情况，不自制之人必然在情感或欲望，以及理智状态上有某种**永久性的**缺陷。假如他们的实践理性是活跃和强大的，不自制就不可能出现。为了给他们的理智缺陷命名，我们或许可以利用亚里士多德关于睡眠、醉酒等的物理学解释，说他们遭受了某种"理智上的潮湿"（intellectual moisture），这个词或许很好地把握了那种松弛邋遢的理智缺陷。

这样看来，我们就不该说他们的实践理性是完好无损的，把不自制的全部问题都归于低劣的欲望和情感。显然，在他们的欲求部

分也有某种永久性的缺陷,因为在通常的人们那里只产生很弱感觉的东西,在不自制者的灵魂里会产生很强的和不可抵抗的诱惑,甚至在这些欲望对象不在场的情况下也是如此。

事实上,这是一个恶性循环:实践知识无法在灵魂中占上风,以及低劣情感的过分力量是同一个硬币的两面。从这种恶性循环中走出绝非轻而易举。这个恶性循环经常像一个漩涡,把不自制之人拉到中心,他们的情况会不断恶化,最终走向真正的放纵。尽管如此,走出这个恶性循环并非不可能,因为亚里士多德的不自制之人根据定义是有可能被治愈的(VII.2.1146a33-34,VII.8.1150b30-32)。可能有一些比较好的环境,让不自制之人不至于受到不可抗拒的诱惑,或者他们和有德之人共同生活,或者生活在有正确和严格法律的城邦中,从而可以打破这个恶性循环。或者,如果问题真的是生理性的,医学上的治疗可能也是有益的。不管怎样,变化都始于不自制者之外,而不是来自他们内部。这展示了不自制的戏剧性的维度:正如"不自制"的希腊文表明的(*a-kratos* 的意思是"缺乏控制"),不自制的人无法完全控制自己。

6.5 兽性(VII.1, 5-6)

明智者、自制者和不自制者都知道真正的好是什么,而恶性之人混淆表面的好和真正的好。然而,他们都与一种极端的恶性之人有所区别,这些人**完全无法理解在好与坏之间的区分**。这些人被亚里士多德称为"兽性之人"(*thêriôdês*),他们的情况被称为"兽性"(*thêriotês*)。《尼各马可伦理学》里对这种人的刻画,用现代的词

第6章 恶性、自制、不自制与兽性

汇说,就是亚里士多德对于"根本恶"(radical evil)的回答。

就像自制和不自制,兽性也不是一种伦理状态,而是一种"与品格相关的东西"(VII.1.1145a16),包含着伦理和理智的要素。尽管少见,它确实发生在人们中间,而不只是在野兽、神话生物和没有文明的野蛮人中间(VII.1.1145a29-30)。它是服从某些只有野兽才会自然倾向的欲求,对人来讲不是"依据自然快乐"的东西。就兽性之人而言,亚里士多德给出了一个三分:

> **VII.5.1148b15-19**:有些事情是依据自然令人快乐的,在这些之中有些是无条件的快乐,有些是对某种动物或人来讲的快乐。其他事情不是依据自然快乐的,而是(1)一些人由于残疾(*pêrôseis*),(2)一些人由于习惯(*di'ethê*),(3)一些人由于低劣的自然(*mochthêras phuseis*)。这就是为什么这些出现时我们也看到相应的状态,我说的就是兽性的状态。

这个三分建立在对**原因**的区分之上,而不是建立在行为或者相关的理智缺陷上,比如疯狂可能是因为(1)和(3),过分的性冲动可能是(2)和(3)的结果。这种类型学是必需的,因为有些兽性之人可能并不对他们的状态负责,比如那些由于低劣的自然而成为兽性的人。这里也有症候学的考虑,但是最重要的挑战不是分离出每种兽性状态独特的症候,而是确定它们共同的特征:

> **VII.5.1148b34-1149a1**:[兽性]在恶性(*kakias*)的限制之外。

幸福为什么很重要？

我认为这句话的意思是兽性状态无法用真正的好与表面的好之间的对立来解释。为什么呢？因为兽性是实践推理的完全失效，因此兽性之人"退出了［人的］自然"（VII.6.1149b35）。虽然我们有理由认为很多兽性之人可以进行目的－手段推理（僭主法拉里斯［Phalaris］显然是这样的人），但是他们缺少实践理性，因此完全无法认识实践目的。对他们来讲唯一重要的事情就是满足他们的欲望。他们关注欲望的生活并不是笃信这些欲望及其满足的价值。这些欲望对他们来讲也不是反对其他价值的理由，假如他们接受了不同的伦理视野，就可能接受其他的价值。兽性并不是把握了错误的实践目的，而是完全无法拥有实践目的。兽性之人缺少最基本的能力区分道德上的好与坏，或者选择好的而非坏的：

> **VII.6.1150a1-5**：兽性没有恶性坏（虽然它看起来更可怕），因为更好的东西没有被败坏，就像在人的［恶性］的情况下，**它只是没有出现**。因此，这就像比较某个无灵魂的东西和有灵魂的东西，说它们哪个更坏。因为不拥有始点的恶性总是不那么有害，而理智才是始点。

根据一种阐释，这段非常难以理解的话加强了前面的说法。①在将兽性描述成野兽特有的状态，并且解释了为什么它们依据自然缺少实践理性和决定之后，亚里士多德得出结论，野兽不应该被赞赏和指责。随后他转向了人，对人来讲，兽性的状况不是自然

---

① 在这一点上，我跟随阿斯帕西乌斯（Aspasius）的阐释，参见 *CAG* 129.5-130.21。

第 6 章　恶性、自制、不自制与兽性

的,而是一种败坏。这些是"没有理性计算,只靠感觉生活的人"(VII.5.1149a9-10)。换句话说,对野兽来讲自然的东西,对人来讲就是某种败坏的结果。

让我们回到兽性在恶性的界线之外这个说法。为什么是这样呢?"因为依据自然,坏的东西在能力之后(for the bad is posterior in nature to the capacity)。"(《形而上学》IX.9.1051a18-19)理解这个说法的一种方式是,人依据自然拥有某些动机性的和认知性的能力。能力是可以用于相反两方的。通过习惯化和教育,能力会经历变化,并且产生伦理的和理智的德性或恶性。然而,德性有某种优先性,因为自然能力的目的是好的,也就是有德性的行动,结果就是获得(伦理或理智)德性作为相应的状态。恶性使这些变化误入歧途。德性与恶性本身并不是能力。德性来自德性的行动,恶性来自恶性的行动(其他事情都是偶然的)。在这两种情况下,德性与恶性的行动本身都在德性与恶性的状态之先,因为状态的产生是由于相应的行动。然而,德性与恶性的状态在变得有德性或恶性的能力之后。在这个意义上,恶性是在能力之后的(也就是在变得具有德性或者恶性的能力之后),是败坏的培养的结果。我认为,这是通常意义上的恶性的发展过程。

然而,恶性"包括了[错误的]理性",因此至少在原则上总是有可能发生变化,或者是重大的或者是微小的,或者是容易的或者是很难发生的(《政治学》VII.13.1332b6-8)。这个变化的可能在能力与恶性之间建立起了一条通路:在通常的恶性中,依然有一颗能力的**种子**,让我们变成具有德性或者恶性的,换句话说,如果一个人被理性说服,并且环境良好,那么他就能够重新走上从能力

到德性的道路。然而，在"根本恶"的情况下，实践理性遭到了破坏，因此这条路就被彻底破坏了。如果没有这条道路，"根本恶"就和它由之发展而来的能力失去了联系，因此也就失去了和好的联系。在这个意义上，"根本恶"是为了坏的行动或目的（《形而上学》IX.9.1051a15-17）。

因此，兽性的独特性在于它的不可治愈性（VII.8.1150b29-30），因为实践理性遭到了彻底的破坏，这些人在"与德性相关的意义上是残疾的"（I.9.1099b19），也就不可能在道德问题上有所进步。不管是内部的还是外部的要素都不能弥补他们失去的东西。因此，我们应该将他们从政治共同体里排除出去（X.9.1180a9-10）。这就是自然发挥作用的方式：人们成为不可治愈的败坏性疾病的受害者，他们的实践自我也不例外。在自然中，这样的败坏不是规范，并且很少发生，兽性与此相似。

拓展阅读

关于自愿性和不自愿性，参见 Echeñique 2012, ch. 5; Sauvé Meyer 2006; Grgić 2021。关于 II.4.1105a17-b12 的理解，参见 Williams 1995; Taylor 2006: 81-96。关于自制、不自制和兽性，我们应该从 Natail 2009 和 Curzer 2018 开始讨论。关于自制和不自制，特别参见 Charles 2009, Francis 2011, Coope 2012, Radoilska 2012, Charles 2015, Kontos 2021, ch. 1。关于恶性和兽性，参见 Beere 2018, Kontos 2018a, Pearson 2018。

第 7 章
快 乐

7.1 关于快乐的意见（VII.1）

我们现在完整地了解了明智之人，以及缺少明智的人无法做出有德性行动的各种情况。这些都和一个人如何理解幸福、幸福的组成要素有关。然而，亚里士多德还没有给出关于幸福的最终定义。这完全可以理解，因为还有一个构成幸福的不可或缺的要素没有得到细致考察：快乐（hêdonê）。令人痛苦或难过的幸福本身就是自相矛盾。

我们在《尼各马可伦理学》里至少三个关键位置看到了快乐。在第一卷，我们了解到，它是幸福的必要构成要素；在第二卷，我们知道伦理德性与快乐和痛苦有关；在第三卷，我们知道混淆真正的和表面的好是因为人们对好与快乐关系的理解不同。在我们的道德生活和《尼各马可伦理学》中随处可见的快乐解释了在第七卷里，亚里士多德为什么说好的政治家，也就是那些拥有政治学知识的政治家，必须要了解快乐，因为他们必须要知道幸福是什么，而幸福必然与快乐联系在一起："拥有对快乐和痛苦的理论知识，是政治

哲学家的特征。"（VII.11.1152b1-2）

因此毫不奇怪，在《尼各马可伦理学》VII.11-14 和 X.1-5 会包括对快乐的讨论。这也非常奇怪，因为后者没有明确提到前者，前者也没有提到后者会修正前面的观点。在某种意义上，这两个讨论处理快乐的方式就好像另一个讨论不存在。不仅如此，它们还在一定程度上彼此不同。我们可以预料，有很多学者提出了各种建议去应对这个问题，有一些还很有想象力（比如其中一卷不属于《尼各马可伦理学》；某个抄工错误地把一些关于快乐的篇章包括进了其中一卷；或者这两卷其实主张的是完全相同的立场）。为了不从带有偏见的预设出发，我们的假设是，第十卷从第七卷结束的地方开始，在此基础上增加了一些进一步的澄清。

首先，在第七卷的开头，亚里士多德比在其他地方更清楚地讨论了方法论的问题：

> **VII.1.1145b2-7**：就像在其他情况下一样，我们必须要摆出现象，首先处理疑难，用这种方式，最好是能够证明所有关于这些情感的有声望的意见（*endoxa*），如果不是所有，就是它们中的大多数，以及最有权威的那些。因为如果反驳得以解决，有声望的意见得以保留，那就是一个充分的说明了。

这段话中的关键是"有声望的意见"（*endoxa*），也就是多数人或者智慧之人的意见："有声望的意见……是每个人、大多数人或者智慧之人看起来正确的意见，或者是他们所有人，或者是大多数，或者是他们中最显赫和最有声望的。"（《论题篇》I.1.100a21-23）

第7章 快乐

比如，关于最高的好或者好生活就有很多有声望的意见（《论题篇》I.14.105b12-15），或者关于法律的"有声望的意见"（《尼各马可伦理学》X.9.1178a12-b12）。当前的语境下讨论的是关于快乐的有声望的意见。因此，有声望的意见不仅会给出接下来关于快乐讨论的动力，而且提供了这个讨论的基础。

这个关于方法的讨论，不仅关乎政治学，而且关乎所有的知识领域，这个方法论建立在两个前提之上。第一，亚里士多德认为，所有人的意见都或多或少地包括真，因为所有的人都有能力把握到一些真。因此大多数人共同持有的有声望的意见就可以当作某种值得信赖的东西，至少是建立在经验之中的值得信赖的东西（《论梦中的预言》1.426b14-16）。整体而言，人类"依据自然在真上是充分的，并且在大多数情况下会发现真"（《修辞学》I.1.1355a15-17；另参见《尼各马可伦理学》I.8.1098b27-29, X.2.1172b36-1173a1）。因此，《尼各马可伦理学》里充满了对苏格拉底和柏拉图、悲剧作家、荷马、诗人以及当时的常人的引用。

第二，它预设了一种方法，可以澄清在有声望的意见中哪些是真的哪些不是，不管它们是智慧之人还是外行的意见。这个方法就是亚里士多德的"辩证法"，这种能力可以考察相反的意见或者有声望的信念，从而找到它们中哪些会导致矛盾，或者会被事实驳倒（《论题篇》I.2.101a34-b4；《辩谬篇》165b3-8）。① 显然，并不

---

① "辩证法对哲学研究有帮助，因为考察一个疑难两方的能力会让我们更容易找到每一方中的真与假。此外，辩证法对于找到每种科学的第一原理［始点］也非常有用。因为我们不可能对每种科学的始点说什么，这是通过有声望的意见获得的，必须要去讨论它们。然而这专属于辩证法，或者标志了辩证法的任务。因为它的考察能力，（转下页）

是所有的有声望的意见都是正确的。有时候它们是正确的，有时候需要修正或者打磨（也就是去除它们的模糊性或者带有误导性的偏见），或者要被彻底抛弃。后者往往是那些没有教养的人的看法，即便他们碰巧是大多数人。

一个人要如何发现哪些有声望的意见接近真相，又接近到什么程度呢？我们可能首先想到的是融贯性（coherentism），好像政治学仅仅建立在有声望的意见之上，只是去考察这些意见是否彼此一致。

要理解为什么并非如此，让我们回到第七卷关于快乐的文本。在那里，亚里士多德说，我们使用某种辩证法，分离出矛盾之处，基于有声望的意见，我们会发现真理的内核。然而，这句话也提到了"现象"。我们知道它们是什么。它们是我们在寻找政治学的原理或始点的过程中可以了解到的经验数据。现象就是"是什么"（hoti），也就是关于人生的事实（参见本书 1.3 节）。我们现在知道，这些现象并非每个人都能正确认识的东西，因为人们通过他们自己的品格和理智状态来认识道德和政治现实。我们还知道，这并不会导致某种相对主义，因为明智者以真实的方式看待事物。因此，不管有人多么想要强调道德现象的相对性，不管他们想要把道德现象与单纯有声望的意见拉得多近，我们都不应该忽略，在亚里士多德的体系里，有一个法官可以判断在人生与幸福的问题上理解

（接上页）它能够达到所有探究的始点"（《论题篇》I.2.101a34-b4）。希腊文的"辩证法"指的是对话者之间的谈话，并不必然是在亚里士多德哲学框架内的对话，政治学家可以用我们如今所说的"思想实验"来进行这样的辩证法讨论。

第 7 章 快 乐

现象的正确方式。此外,辩证法会最终引向政治学的真正始点,就像在所有科学中那样,而不是引向某些随意的和不稳固的原理。

我们为什么会在《尼各马可伦理学》和《政治学》里看到对有声望的意见如此强烈的依赖呢?这种态度是否会削弱它们的科学性呢?绝不会。如此强烈的依赖是因为政治学对象的性质。第一,在其他科学中(不管是像医学这种制作性的科学,还是天文学这种理论性的科学),非专家都只有很少的知识,有时候他们对所讨论的知识领域毫无认识。相比之下,没有人(除了兽性之人)不会对好、幸福、快乐等有某些信念。因为所有的成年人都会做出决定,他们所有人依据自然都是政治的动物,它们参与政治共同体并且获得关于人类事物的经验。第二,在实践领域,表象或现象(比如,一些事物在我们看来是多么有利或快乐)与行动者的品格状态和理智状态有关,因此与他们持有的意见有关。在实践领域,道德现象根据某些人的品格状态对他们有所显现,这与他们的道德信念有关。

还有第三个原因让有声望的意见成为对《尼各马可伦理学》至关重要的因素,那就是政治学的实践特征。只是定义幸福或伦理德性(也就是展示了政治学的始点)是不够的,为了实践科学可以达到目的,它需要把城邦和个人引向德性和幸福,而这要求对他们的人生进行恰当的重塑。教会你数学的始点非常容易,即便你原本学到了错误的始点,之前信念的阻力也不会很强。而在实践问题上,我们此前信念的阻力非常强,因为它们充斥在我们的生活方式之中。因此,实践科学必须要修正甚至逐渐根除人们的意见,目标是说服他们接受关于实践问题的真正始点。我们关于快乐的有声望的意见或许是最顽固的例子。为什么呢？因为快乐充斥着我们的整个人生，确实是我们幸福的构成要素，此外，还不可避免地与我们的第一人称视角联系在一起。或者并非如此？在这个地方，辩证法就开始了。

7.2 快乐不是运动（VII.11-13）

关于快乐的讨论始于一般人或者智慧之人关于快乐的看法。在他们之中，最重要的立场来自柏拉图（他在若干部对话中都讨论了快乐的问题，特别是《斐莱布》）、克尼都斯的欧多克苏斯（Eudoxus of Cnidus）和柏拉图之后学园领袖的继任者斯彪西波（Speusippus）。

> **VII.11.1152b8-12**：【1】有些人似乎认为没有任何快乐是好的，不管是内在的好还是偶性的好（因为好和快乐是不同的）；【2】有些人认为有些快乐是好的但是很多都是坏的；【3】此外，还有第三种观点认为，即便每种快乐都是好的，最高的好也不可能是快乐。

这三种流行的观点是：快乐根本不是好，有些快乐是好有些不是，快乐是好的但不是最高的好。亚里士多德反对所有这三种观点，因为即便是【2】，虽然它正确地认为有些快乐是好的，有些快乐不是，也还是没有对这个区分给出完全合理的阐释。在某种意义上，【3】也面对相同的问题，因为我们知道幸福而非快乐才是最好的或

第 7 章 快　乐

者最高的好。

我们可以很安全地把持有这些观点的人分成两组：一方是经验主义的论证，另一方是本体论或者认识论的论证。经验论的论证是：（1）我们看到节制者和明智者远离快乐，因此快乐不是好的。（2）我们看到身体上的快乐让我们远离理智活动，因为理智活动是某种好东西，身体快乐必然是某种坏的东西。（3）依据自然，动物和孩子没有关于最高的好的知识，但是可以感受到快乐，因此快乐不是最高的好。（4）假如快乐是好的，就会有一种关于快乐的科学或者技艺，但是不可能有这样的技艺，因此快乐不是一种好。（5）快乐是一种运动（kinêsis），看起来像是我们所谓的"制作"（poiêsis）。比如，当你饿了的时候，你感到痛苦而非快乐，于是你开始吃东西，吃完之后不再感到饥饿并且感到快乐，因此产生快乐类似建造房屋（参见本书4.4节）。如果快乐是一种运动，那么它就不是严格意义上的活动，如果不是活动，它就不可能是幸福的组成部分，因此它也就不是一种好的，更不用说最高的好了。

为了回应上面提到的这些论证，我们需要一些预备性的区分。我们已经弄清了第一个区分：真正的好和表面的好（本书2.4节）。或许我们可以由此区分真正的快乐和某种表面的快乐。当然，就快乐而言，问题主要在于"表面的快乐"听起来非常怪异，因为我们好像很难说有人错误地、被欺骗地或者虚幻地认为他们**感觉到了**快乐。就想望真正的或者表面的好而言，亚里士多德区分了正确和错误的想望。但是我们很难证成类似的在正确和错误的快乐之间的区分，毕竟快乐并不分享想望的理智特征。我们必须要探索其他更恰当的方式去对快乐进行区分。

第二个区分关于快乐的种类，因为每种活动看起来都伴随自己的快乐，而其他种类的快乐则是外在的。不同种类的行动与不同种类的快乐联系在一起，而不同种类的或者外在的快乐在大多数情况下与内在于我们正在做的行动的快乐矛盾，比如在家看电影带来的内在快乐，与看到我们的爱人坐在身边的快乐，更不用说吃爆米花的快乐，这些不同种类的快乐可能是相互竞争的，因为后两种快乐可能会让我们分心，不能好好享受看电影的快乐，因此我们在观看和理解电影中获得的快乐就受到了破坏。

我们还有第三个区分，因为大多数哲学家都认为快乐是运动（kinêsis）而非行动（energeia）。最简单的例子就是满足一个愿望，正如我们之前说到的，你感到饥饿或口渴，然后你吃饭或者喝水，之后你得到了补充，满足了愿望。这个补充的过程不可能构成快乐，因为依据自然它被定义成一种尚未存在的产品，也就是被满足。那个满足的时刻也没有构成快乐，因为在那一刻快乐就停止了。

但是，我们应该限定断然否认这些情况是快乐的说法。首先，这种否认与我们对快乐的通常理解不同，因为在日常生活中，我们认为这个填补本身是令人快乐的。亚里士多德有讨论这个问题的概念工具。比如，我们可以说，这里的要点并非彻底否认从疾病中康复，或者不再感到饥饿是某种快乐的状态，只要我们加上这是"有条件的"就行，它不是我们主动选择的，而是仅仅因为疾病和饥饿这些不利的环境把它们当作快乐（VII.12.1152b29-31）。或者，我们可以说，即便在逐渐恢复健康的病人那里（也就是说不再是**完全**生病的人），他们的某些器官依然处于自然状态之中，因此他们

第7章 快乐

还可以享受相应的行动（VII.12.1152b35-36）。亚里士多德的目标并不完全是否认把某些过程或运动与快乐联系在一起，而是反对运动模型是从"完全意义上"解释快乐的恰当模型（X.5.1176a27-28）。① 此外，并非所有的快乐都是这样，比如观看和记忆（X.3.1173b15-20）。

因此，快乐并不符合我们所谓的"运动"，至少不是所有快乐或者最典型的快乐。如果我们接受这个结论，如果根据有声望的意见，"运动与行动"的二分是理解快乐的主要线索，那么我们有理由说快乐不是运动，**而是**行动：

> **VII.12.1153a9-15**：快乐不是生成，也不是都包含生成，相反，它们是行动和目的……这就是为什么说快乐是一种可以感觉到的生成并不正确，我们必须要说，它是自然状态的行动，是无妨碍的而非可感觉到的。

> **VII.12.1153b14-17**：正是因为这个，所有人都认为幸福的生活是快乐的，而且合理地把快乐编织到幸福之中；因为如果受到妨碍，那么就没有行动是完全的，而幸福是某种完全的东西。

根据前一段话，快乐不是生成，不是像治疗、教授或学习这样

---

① 亚里士多德本人在《修辞学》里接受（至少是就那本书的目的而言），演说家通过提到令人快乐的东西在听众的灵魂中制造某种快乐，因此说"快乐是灵魂中的某种过程，强烈的和可感的对于原初自然的复归，而痛苦与之相反"并不算错（I.11.1369b33-35）。

的东西，而是一种活动——**给定**我们在"生成"（运动）与"行动"之间所做的二分。让我们为了论证之故认为，快乐确实是一种行动。这还不够。这个行动一定不能被妨碍（不只是某些我们意识到的东西），因为行动受到了妨碍就不会是快乐的。有两种类型的妨碍要素：一种是外在的，某人或某事阻止你做某个行动或者做好某个行动；另一种是内在的，当你的状态或能力妨碍了行动或者行动的完美实现，或者你有其他的欲望，而这些欲望会妨碍你实现好的行动或者妨碍你实现它的意愿。缺少障碍包括在快乐的定义之中，因为任何障碍都会破坏行动。

第二段话增加了新的思想：难道幸福不是这样的东西吗？它不是没有受到妨碍的吗？正如 I.7 中说的，幸福是某种完全的东西（参见本书 1.5 节），而任何在实现过程中受到妨碍（不管是外在的还是内在的妨碍）的东西都不是完全的或完满的。亚里士多德没有明确说完满性蕴含着没有障碍，但是当他把幸福定义成某个行动的完全实现，并且认为这样的完满性依赖我们拥有相关的德性时，确实预示了这一点。

尽管如此，说快乐**就是**行动还是有一些模糊之处。人从事很多种不同的行动，比如看、听、思考、记忆、正义或不义的行动，等等，每一种都有自己的快乐。但是并没有一种在看、思考、记忆之外被称为"快乐"的行动。理由很简单，如果你问我，我现在在做什么，而我回答说"我感到快乐"或者"我很高兴"，你并不会理解我在做什么，我的哪种状态或能力得到了实现，它们指向了什么样的对象。为了产生快乐，我们应当从事一些像看、听的行动。这些行动**是**快乐（虽然我们很快会看到它们并非总是或必然如此）。因此，

第 7 章 快 乐

虽然除了行动之外,没有别的东西可以是完全意义上的快乐,虽然我们不会放弃把快乐定义为行动,但是它还需要更多的阐发。

同样在 VII.12,亚里士多德补充了一个新的论证:快乐不是技艺知识的对象(或产品):

> **VII.12.1153a23-27**:【1】没有任何快乐是技艺的产品,这一点是我们可以合理预期的,因为也没有任何其他行动的技艺,而只有相应的能力;【2】虽然香水师和厨师的技艺看起来是快乐的技艺。

技艺不产生快乐因为技艺的对象总是某个产品。但是某个生产过程本身并不是令人快乐的,因为它是不完全的。我们可以考虑学习的例子。学习的目标是在学生的灵魂中产生某种状态或能力(比如弹吉他的能力)。弹吉他的能力是一回事,弹吉他是另一回事。没有人会因为仅仅拥有某种能力而享受快乐,原因很简单,我们可能拥有能力而没有实际应用它,就像睡觉一样。学生只有当他们可以实现自己的能力时,才会感到快乐。但是在学习的过程本身和快乐的出现之间有一个巨大的鸿沟。

当然,【2】增加了一些内容,有些人拥有错误的信念,认为有一些技艺可以产生快乐,就像香水师和厨师的技艺那样。然而,厨艺的产品是制作精良或者好吃的事物,而不是快乐。如果我们吃到这样的东西感到快乐,并且认为它做得很好,那是某种不同于厨艺产品的东西。此外,我们是否在某种事物中感到快乐,还取决于其他事情,比如我们的节制(我们吃了多少、有多贪婪等)、我们的品味、我们的健康。厨艺本身根本不能保证一个人会从吃它的产品中得到快乐。

另一种问题是，一个做饭很好的人是否会在运用它的烹饪知识中感到快乐。烹饪当然是一种运动：当你做饭的时候，产品（也就是菜品）还没有做好，而当它做好了，你的制作就停止了。当你做饭时，没有任何东西是完整，因而也就不是完全的。同样的情况也适用于弹吉他的人（就他弹出旋律而言）。这就是为什么我们可以说，实际上听众的行动才是快乐的，而不是演奏旋律之人的行动。听众运用了某种认知能力，承认了旋律的美，他们没有制作任何东西。而运用这种认知在旋律被听到的任何时刻都得到了相同的实现。事实上，在《政治学》第八卷里，亚里士多德强调了政治生活所能提供的最高的快乐是让公民成为观看者（比如观看剧场表演）和音乐的聆听者。

然而，如果不给音乐家和建筑师（或者普遍意义上的匠人）在演奏音乐或者建造房屋的过程中感到快乐保留一些空间，又是非常怪异的。但是这并不是因为他们在从事某种生产性的活动，目标在于制造某种尚未存在的东西，而是因为对他们来讲观看他们的制作技艺或者状态多么完美是快乐的，也就是观看他们的技艺或状态多么自然、流畅、不受妨碍。他们在这么做的时候感到快乐，或者是因为观看他们的技艺得到了实现（X.5.1175a34-36），或者是因为观看他们行动的产品确认了这些技艺本身处于实现状态（IX.7.1168a7-9）。然而，在这两种情况下，快乐的产生都只是很间接地与作为过程或运动的生产有关。

7.3 快乐的现象学（VII.14）

到目前为止我们了解到的关于快乐的内容听起来或多或少都是理论性的，与我们的日常经验有相当的距离。理论区分有用，但是如果我们不首先观察事实，理论区分就不过是一些词语而已。快乐的现象学会给我们之前的发现提供更多具体内容。此外，只是得出关于快乐的正确定义还不够，我们必须要理解人们为什么会在讨论快乐时、在他们选择什么是快乐时犯错误，以及有哪些错误。找到他们错误原因的最简单的方式就是考察其中最常见的错误。这不是唯一的方式，但确实是最有说服力的。

> **VII.14.1154a22-26**：但是既然一个人不仅要说出真实的看法，而且还要说出错误看法的原因（那对我们的信念有所帮助，因为当我们对于一个并不真实的观点为什么显得是真的给出了合理的解释，我们就会更加确信那个真实的观点），我们必须要说，为什么肉体上的好看起来更值得选择。

这么说一点都不出乎意料。事实上，肉体快乐在我们生活中的位置，以及我们赋予它们的价值，看起来最能显示我们与快乐的整体关系。说到底，关于快乐的现象学关注这样的问题：人们为什么会认为肉体快乐是最典型的快乐，或者是最值得选择的、最无可厚非的快乐？

第一个观察是，这是一个经验问题，一个只经历过肉体快乐的人会认为这些就是全部快乐。他们尚未感受到任何其他的快乐，也没有其他的参照系。因此,有些人对于快乐只有非常有限的观念,因为他们只经历过一种快乐。

然而,事实上,他们所理解的快乐与我们了解到的判断某个东西是否快乐基本和正确的标准不符,这个标准就是快乐是一种没有妨碍的行动。不用很长时间,这些行动依据自然就饱和了,因为肉体的参与而无法继续。因此,那些与我们的肉体紧密联系的行动,比如吃和性,都会因为自己的自然妨碍而停止。此外,它们不可避免地包含某种劳作的要素,以为"动物总是在劳作"(VII.14.1154b7)。普遍而言,正是因为这个,肉体快乐看起来在我们的生活中得到了大量的肯定:它们看起来祛除了我们肉体的痛苦或者我们痛苦的需求,因为它们的治愈效果,我们在它们的真实价值上受到了欺骗,倾向于高估它们。要理解它们真正的价值,我们需要进行比较,享受读一首诗,看一幅画,听一首歌,回忆一个爱人,解决一个哲学难题,下一盘棋,等等。

然而,我们尚未知道快乐到底是什么,或者是否有比身体快乐更高的快乐,也不知道应对身体快乐的正确方式是什么。第七卷的结束并没有对这些困惑给出最终的答案。

在第十卷讨论快乐时,核心的观点依然是,快乐不是一种运动。事实上,亚里士多德提出了一些新的论证(X.4):即便使用"身体快乐"包含了某种矛盾,因为这意味着快乐发生在身体中,或者是身体感受快乐,而事实上,只有灵魂才能感受到快乐。与此相同,数量式的快乐观念也很成问题,不管是用时间还是强度来理解。每当我们用强度理解快乐时,就会这样说:我感到快乐,它越来越强。但是这时候,快乐好像是某种运动,也就是朝向巅峰的运

第 7 章 快 乐

动。那么,所有之前的阶段就不是充满快乐的,相反,它们是准备性的阶段,也包含着某种痛苦(至少有获得更多快乐的努力,或者没有获得完全快乐的难过)。但是一种混合着痛苦的快乐不可能是完全的快乐,或者严格意义上的快乐。如果有一种完全和不缺少任何东西的快乐,它必然持续保持一致。此外,这也是"不受妨碍"这个词背后的意思:它必然是持续保持的,没有任何东西会让它的质量下降。因此,把快乐看作在每个时刻都完全的东西比把它看作不断增加且需要一定时间才能达到完全的东西更合适。与此相似,用速度讨论快乐也毫无意义,就好像它是某种运动一样。我们不可能或快或慢地享受某个东西。

然而,我们依然不知道快乐是什么。我们只是知道快乐不应该按照运动和身体快乐的模式理解。我们还知道,快乐是某种行动,虽然我们之前已经提到这个定义需要进一步的澄清。而这正是第十卷想要给我们的东西:"因为没有行动快乐就不会产生,每个行动也都由快乐完全。"(X.4.1175a20-21)要解决这个关于快乐的疑难,我们需要进一步理解这个新的公式。

然而,在那之前,我们还要再提出一个**评价性的**问题:如果有很多快乐,哪个更高?

X.3.1173b28-31:【1】快乐的种类不同,那些来自高贵来源的快乐与那些来自可耻来源的快乐不同;【2】如果不是正义的人,我们就无法感受到正义之人的快乐,如果不是音乐家就感受不到音乐家的快乐,其他情况与此类似。

X.5.1176a15-19:【3】然而,在所有的情况下,确实如此的都是对于卓越之人看起来如此的。如果这是正确的，那么德性和好人（就他是这样的人而言）才是每件事情的量度，那么快乐就是那些对他显得快乐的东西，快乐的东西就是他会享受的东西。

每个人都会接受，根据【1】里面的说法，快乐有高贵和低劣之分、值得追求和不值得追求之分。问题是我们是否有标准去评判它们。在一个意义上，在快乐内部是没有标准的，因为我们已经排除了任何诸如强度、时间、速度这样的标准，这些标准会有把快乐变成运动的危险。我们需要一些不同的策略去实现我们的评价性进路。【2】在这个方向上开辟了一条路，从"哪种快乐"转向"谁感到快乐"。它告诉我们必须要知道人们的道德品质从而评价什么东西对他们显得快乐：当你**事先**知道一个喜欢这种旋律的人了解音乐，**只有这时**你才知道听这种旋律实际上是一种真正可以享受的事情；【3】也表达了相同的意思。

但是这引向了一个新的恶性循环：问题在于了解谁是真正的好人，我们似乎应该从人们的生活了解这一点，从他们理解幸福和快乐的方式了解，因为幸福包括快乐。因此，我们基于有德之人感受到的快乐认识有德性之人，比如，我们通过一个人在做正义的行动时是否感到快乐来认识真正正义的人（参见本书 2.2 节）。但是如果我们必须要通过谁体验它们来评价快乐，同时我们又要首先知道人们感到快乐的事情才能知道他真正是什么人，那么这就是一个恶性循环。我们需要一个与此不同的标准。

第7章 快乐

7.4 快乐与行动（X.4-5）

X.4.1174b14-33：【1】但是既然每种感觉能力都相对于它的可感对象才能实现出来，当它处于相对于最高贵的可感对象的良好状态时才能完全实现出来……那么就每种感觉能力而言，最好的行动就是主体的行动相对于最佳对象处于最好的状态，这个行动就是最完全的和最快乐的。【2】因为每种感觉能力都有一种快乐与之联系，这一点对思想和沉思也成立……【3】快乐是使得行动完全的东西。但是快乐使得行动完全的方式不同于可感对象和感觉能力都处于卓越状态使得行动得以完全的方式，就像健康和医生不是以同样的方式导致健康……【4】快乐使得行动得以完全，不是像状态那样仅仅是在它之中，而是像某种随附性的目的（supervenient end），就像年轻人在盛年时的光华。

【1】说了快乐与行动有关，并且引入了我们在第七卷看到的概念"完全"。完全的快乐（这已经包括了快乐之间的相互比较）与完全的行动有关。（这个关于完全性的坚持让我们回想起在本书1.6节里分析过的关于人类功能的论证，以及通过这个论证得出的结论，即幸福是要符合完满和完全德性的行动。）

亚里士多德心目中首要的神就是永远从事单一的行动，他也和这个行动同一，即沉思（或者理解）（《形而上学》XII.7.1072b27）。没有任何东西可以威胁到这个行动，因为这个行动就是最好的和永恒的。神的行动**就是**沉思。"快乐"并不是第二个在沉思之上或之外的行动，神的沉思本身"也是快乐"（《形而上学》XII.7.1072b16），因为它永远和必然是绝对完满的。在《尼各马可伦理学》里，我们看到了相同的观念："如果有些存在的自然是简单的，相同的行动就总是最快乐的。这就是为什么神总是享受着相同的简单的快乐。因为不仅有运动的行动，还有不运动的行动，快乐更多出现在静止而非运动之中。"（VII.14.1154b24-28）

人的行动和快乐**不是**相同的类型。比如，我们的感觉状态可能并非处于最佳状态，我们的感觉对象也可能并非处于最佳状态。当然，即便我们的状态是完美的，它也可能并没有针对任何东西实现出来，因为它可能根本就没有被激活。此外，没有人可以一直做同一件事，没有任何人类行动是永恒的。人类行动要达到完全，需要满足两个条件，而人类行动无法必然和总是满足它们，满足的频率和自然程度取决于我们讨论的是什么行动。第一个条件关于状态，必须是最佳的和实现出来的；第二个条件关于对象，对于这个行动而言最高贵的对象，并且处于实现这种行动的最好环境之中。

比如，对于视觉而言，最高贵的对象是一个美的对象拥有清晰的颜色，并且处在一个对比性的背景之中，有清晰的照明，等等。如果你想要在昏暗的灯光下看某个东西，你不可能看清楚，因为对象与视觉的自然功能并不匹配，与此类似，太强的光可能会破坏视力，甚至致盲。这个时候观看的行动就是痛苦的而非快乐的。同样的情况也适用于我们的状态，那些视觉受限的人看不清楚，在努力看清的过程中感到疲惫，他们也无法享受观看。（即便我们认为，状态的完美部分取决于我们自己，我们在自然世界中碰到的对象，以及环境因素都还是有运气因素的。我们可能会由此推论，只有那

第 7 章 快 乐

些**不是**在我们身边的东西,也就是纯粹的理智对象,才能完全可靠地令人快乐。亚里士多德也很难抵挡住这样的诱惑!)

虽然像【3】说的,快乐与完满行动的完全性有关,但是快乐与行动的联系方式,和快乐与行动、状态对象的关系不同。我们想要知道的是,既然对象和状态都已经是完全的或完美的,快乐到底对行动的完全性做出了什么贡献?【4】就是要澄清这一点:"快乐使得行动得以完全,不是像状态那样仅仅是在它之中,而是像某种随附性的目的。"

我们可以考虑下面的例子:你看着一个完满的美丽对象,你的视觉是完美的,你在看的过程中,还在寻找最好的角度,或者最好的距离,或者是让你的注意力完全集中在这个对象上,喜欢摄影的人就是这样来感受事物的。这时还没有产生完全的快乐,因为任何为了达到顶峰或完全的努力都是某种操劳或痛苦。如果观看的行动达到了巅峰,那么移动或调整任何其他参数就变得毫无意义了,这时快乐就随附于行动。它不是某种**附加**的东西,从而治愈行动完全行性的缺乏或不足,它也不是**附加**在行动之上的感觉。

当这些完满的条件得以满足,我们的行动(看、听、思考、记忆等)就是快乐的。要解释这种事态,我们或者说(1)我们未受妨碍的行动**就是**快乐(因为没有任何在它们之外或之上的东西可以被算作是完整意义上的快乐),或者说(2)快乐随附在这些行动之上(从而强调将这些行动与它们的完全性——也就是快乐——区分来开的距离)。(1)是第七卷给出的快乐定义,(2)是第十卷给出的快乐定义,后者澄清了前者。这样的澄清对于人类快乐来讲是不可或缺的,虽然对于亚里士多德所说的首要的神来讲是多余的。

　　因此，在一个意义上，如果用现代词汇表达，快乐是行动的**客观**性质的**主观性**或者**心理性**维度（并不是对行动客观性质的主观**回应**，好像快乐本身就是一个附属物）。快乐作为某种证据或确认，保证行动是以完满的方式做出的，并且表达了某种理想化的情况，作为某种动机，驱使人们持续用完全相同的方式行动："属于这个行动的快乐有助于促进行动。"（X.5.1175a30-31）这意味着，正如亚里士多德在几行之后解释的那样，它使得行动持续时间更长，让行动者保持完全警醒，并且确保它可以得到最精确和最好的执行。

　　亚里士多德在【4】中以一个比喻做结："快乐使得行动得以完全……就像年轻人在盛年的光华。"这句话意在强调刚刚提到的双向条件句：年轻人的盛年是人们既不会从内在视角忽略的（因为年轻人确实处于他们人生的巅峰），也不会从外在视角忽略的（因为年轻人确实处于他们可见的美的巅峰状态）。

　　人们经常会抱怨，亚里士多德对快乐的分析没有得出确切的结论，因为说做一个完满的行动，也就是在最理想的环境下用最好的方式做一个行动，**必然**产生快乐，这看起来非常奇怪。这个论证认为，我们应该允许一个完满的行动有可能**无法**产生快乐，因为快乐可能会脱离我们的控制，快乐是发生在我们身上的，而非我们努力想要获得的，或者我们可以在做出行动和付出努力之后达到的。换句话说，他们指责亚里士多德让快乐成了行动完满性的某种准自动的心理**副产品**。这个批评并没有命中目标。人的行动并不是一些随意做出的动作，好像我们是一些行动机器，而是我们决定的后果，

第 7 章 快 乐

我们心目中幸福生活的组成部分。我们认为行动值得做，以及我们对于不受阻碍的和完满行动的渴望，是行动达到完满的前提条件，也是它是快乐的前提条件。无聊的行动、被其他行动和快乐胜过的行动、缺少关注和活力的行动、只有很弱的趋向引发决定的行动等等，都不是完全的行动。

7.5　快乐与幸福（X.4-5）

然而，这种完全性产生了一个悖论：完全的行动，就它们是快乐的和不受妨碍的而言，应该不会停止持续进行。亚里士多德还有额外的理由提出这样的问题，因为他认为存在一些神圣和永恒的东西，会永不止息地行动。而我们可以预见，他对这个问题的答案建立在人与神对照的基础上。

> X.4.1175a3-10：为什么没有人持续快乐？我们是不是会感到劳累？因为对于所有的人间事物而言，持续的行动都是不可能的。那么也就没有持续的快乐可以产生；因为它跟随行动而来。有些事情在新鲜的时候让我们高兴，但是之后因为是相同的东西，就不那么让我们高兴了。因为一开始它可以得到很强烈的激活，就像在我们的视觉中，比如我们努力看到某事时；但是之后，这个行动不再这样，而是会变得松弛，快乐也就变得微弱了。

我们会感到劳累，因此人的行动不可能是持续的。我们需要暂停或者睡眠，因为行动在某种意义上要求身体性，而身体会劳累或疲惫。行动会停止，快乐也就随之停止。然而，还有第二个答案，我们没有得到任何线索：即便说到最美最高贵的行动，我们开始肯定可以集中注意力，然后时间越长，我们就越习惯它们，我们的关注就越来越少、越来越弱，我们的行动就不会维持相同的精确性和完全性。这个简单而恰当的观察确认了亚里士多德的政治哲学多么深地植根于人类现实。即便我们在某个时刻得出结论（这个时刻很快就会到来），一种人类行动比其他更加完全、更加持续、更加快乐，即便我们说有些人就是以最不受妨碍的方式从事这个活动，我们依然要说，这个最高的行动**不是**我们想要从事的唯一行动，我们总是想要做其他行动，因为多样性对我们来讲很重要。

如果多样性很重要，我们就需要回答另一个评价性的问题：哪种快乐更值得选择？

X.5.1175b24-28：然而，因为行动在卓越和卑劣方面是不同的……快乐的情况与此相同；因为每个行动都有一种它特有的快乐。属于卓越行动的快乐也是卓越的，而属于低劣行动的快乐就是低劣的。

X.5.1175b36-1176a3：就像行动彼此不同，相应的快乐也是如此。然而，视觉在纯粹性上不同于触觉，就像听觉和嗅觉不同于味觉。快乐也是彼此不同的，就像思想的快乐不同于这些，在这两类里面，一些不同于另一些。

第 7 章 快 乐

这两段话是说,要把快乐分成卓越的和低劣的,我们必须首先把行动区分成卓越的和低劣的。第一段话使用了卓越和低劣的二元对立,第二段话使用了纯粹性和不纯粹性的二元对立。正义和不义的人都在他们的行动中感到快乐,但是我们现在有了一个准绳来衡量这些快乐(我们并不关心这个准绳自己如何经历每种快乐)。第二段话不太容易理解,例子也是一样。它还预设了在不同行动之间的区分,但是这一次,焦点在于它们的对象,视觉是更高的感觉,因为它的对象比其他感觉的对象"更清晰",因为它们的形式"更清晰"(意思是更完整或更少依赖它们的质料性),而在其他的感觉中,对象的质料性总是扮演着更大的角色,比如触觉(《论灵魂》II.12.424a17-32)。不管怎么样,结论是清楚的:快乐可以在纯粹性的意义上根据它们各自的行动得到评判。我们记住这一点,当第十卷给我们关于幸福问题的最终答案时,会对理解这个问题有所帮助。

下面是亚里士多德对于快乐问题的一些结论:

(1) 快乐是一种好,是作为最高的好的幸福的组成部分。它不是我们人生的目的,幸福才是。我们将这称之为**规范性的**要素。

(2) 所有人都渴望快乐、追求快乐,不管他们想要的快乐在纯粹性和卓越性上如何,不管他们对快乐给出了什么样的解释。我们将这称之为**心理性的**要素。

(3) 很多人错误地理解了快乐,而犯错误的原因是他们把快乐等同于身体的快乐,因为他们没有体会过其他种类的快乐。我们将这称之为**经验性的**要素。

(4) 如果我们问其他人,快乐是不是某种好,他们会说"是的"。但是从这里我们得不出结论。因为这里的关键问题是人们如何将快乐与好结合起来,以及他们在什么样的行动中感受到快乐。由此,亚里士多德一次实现了两个目标:

(4i) 第一个目标是**将快乐中性化**。我们对快乐的渴望和对快乐行动的渴望并不表明我们的道德品格,不表明我们是有德性的还是恶性的人,我们可能是任何一种。快乐虽然在我们的生活中极其重要,但是它并没有告诉我们,我们是谁。只有**某种**快乐才能定义我们是谁,这种快乐是由我们投身其中的行动定义的。我们对行动的选择决定了我们对随附性快乐的选择。

(4ii) 第二个目标是**把快乐从导致人们错误行为和各种失败的始作俑者的骂名中挽救出来**。快乐就它本身而言,既不败坏我们的人生,也不伤害我们的好。相反,它是人生和幸福至关重要和不可或缺的部分。

拓展阅读

我们可以从高斯林和泰勒地标性的研究开始(Gosling and Taylor, 1982/2000, chs. 11, 14-16)。比较亚里士多德和柏拉图的快乐观,参见 Price 2017。关于快乐如何与行动和完满联系起来,参见 Bostock 1988, Gonzalez 1991, Van Riel 1999, Stohl 2011。Warren 2015 讨论了"光华"的比喻。关于"有声望的意见",我极大地受惠于 Reeve 2012;Nussbaum 198, ch. 8 也对此做出了争议很大的研究,参见 Cooper 1988 中的批评。

第 8 章
友 爱

8.1 关于友爱的疑难

讨论完关于快乐的话题，我们接近了《尼各马可伦理学》的结尾，并且预计会再次看到幸福这个最重要的话题。但是出乎意料的是，我们遇到了关于友爱（philia）的讨论。在《尼各马可伦理学》的十卷里，两卷都关于友爱，而只有一卷关于正义。非常引人瞩目的是，友爱在八九两卷讨论，而其他的伦理德性则在二至五卷讨论，友爱是唯一在第六卷关于明智的讨论之后讨论到的伦理德性。当然，这可能是因为某个（不可靠的）古代编辑。但事实上，友爱是一种伦理德性这一点并不明显（虽然在 II.7 亚里士多德让我们有了这样的想法*）。更准确的说法是"友爱是某种德性，或者伴随德性"（VIII.1.1155a3-4）。但是为什么认为友爱不是伦理德性呢？或

---

* 在那里亚里士多德提到了一种没有名字的处理社会交往的德性，它是谄媚和难以相处之间的中道，关乎让他人高兴与让他人不快之间的中道，亚里士多德说因为它与友爱相似，也可以称之为 philia，但是那种德性与友爱有着重要的差别，缺少了友爱中要求的私人性的喜爱的情感，因此可以被翻译成"友好"。——译注

许因为，即便是今天，我们也显然认为友爱的概念指的是某种**超出**德性的空间，友爱并不是一些道德义务，比如我们不会说我**有义务**成为某人的朋友。相反，只要我认为某人是我的朋友，友爱就包括了一系列我愿意和自由地承担起来的承诺。

友爱的这个特点在我们区分了普遍和个别这两个相反的极端之后就会变得更加清晰。虽然我们对每个人都有一些道德义务（至少对那些在我们这个政治共同体里的人），朋友的圈子要小得多，并且带来了某些非常具体的义务。此外，普遍和个别这两类义务有可能相互冲突，特别是基于友爱的考量可能会让我们违反一些普遍义务，比如我们为了保护和张三的友爱而欺骗李四。类似的张力也会在爱中出现（不管是情人之爱还是母爱）。与此相反，我们可能会认为，友爱根本没有任何道德基础，它只是一个品位问题，或者是一种准美学的对他人的欣赏。这个论证会这样说：一方面，如果人们是独特的个体，就像独特的艺术品，那么我和任何个体发展一段亲密的友爱就独立于任何规则与法则，友爱就越来越像一个无法解释的奇迹。另一方面，如果我们喜欢某种普遍主义的伦理学，那么我们对他人的道德义务就仅仅是因为我们都是理性行动者，或者从神学的视角看，因为我们**所有人**都是同一个上帝的孩子。根据后者，从道德角度看，没有任何东西可以证成我们偏爱一个狭窄的朋友圈子，而不是一个理性存在者的普遍共同体。这样看来，友爱好像是对伦理生活的威胁。

亚里士多德引入了在正义与友爱之间的区分来讨论这些困难。如果正义是一种德性，规定我们在政治共同体里应该对他人做些什么，那么友爱就是在我们认为是自己朋友的小圈子里指引行动的东

第 8 章 友 爱

西。接下来我们就会问：正义和友爱哪个是更基础的德性？亚里士多德认为，"如果人们是朋友，就不需要正义，而正义的人需要友爱加在正义之上"（VIII.1.1155a26-27）。这个回答表明，友爱以某种方式包含了正义，正义甚至从属于友爱，因为正义在任何意义上都不会保证友爱。真正的友爱预设了正义，因为它预设了两个或更多朋友之间的平等。而这排除了在真正的朋友之间不正义行动的可能性，比如贪婪或攻击性。在友爱的范围内，正义和友爱的冲突是不可想象的。在朋友中间，正义以内在于友爱的真诚认可的形式出现，它并不要求或者接受某个外在的法官。这些关系可以用某种准数学的方式呈现，因为它们描绘了理性的组成。比如说 A 和 B 是两个人，在分配正义的框架内（参见本书 3.4 节的讨论），立法者 L 客观地定义他们的价值 W 和他们配得的好 G 之间的类比：

$$\text{分配正义：} L \{W^A/W^B = G^A/G^B\}$$

而在友爱中，没有这样外在的法官，因为朋友之间的关系服从相互同意和尊重的**内在**原则（我会在本书 8.2 节讨论这一点）：

$$\text{友爱：} \{A \leftarrow \rightarrow B\}$$

当然，事情肯定会更加复杂。在亚里士多德看来，有德性的朋友的行动应该满足上面这两个条件，他们的友爱预设了德性，不仅在个体间的友爱的范围内——两个朋友基于相互认可的价值相互尊重，而且也关系到友爱的**公共面相**，也就是这两个朋友个别的或一起如何对待他人。因此，真正的友爱可能是内部正义的，只要两个朋友不违反他们相互的承诺，即便并不是无条件的正义或拥有德性，即便这两个朋友对他人或其他人群不义。我们可以称这个疑难为**"友爱的正义性"**。

另一个棘手的问题是亚里士多德总是把友爱包括在外在的好里面。在《尼各马可伦理学》里，他把友爱与财富、政治权力并列（I.8.1099b1），在《修辞学》里，他把友爱与好的出身、财富和荣誉并列（I.5.1360b27-28）。如果友爱是一种外在的好，它就不是灵魂的好，当然也就不是一种伦理德性。亚里士多德为什么认为友爱在某种意义上是一种外在的好呢？根据一种广泛持有的观点，友爱所依赖的环境和条件部分超出了我们的控制，即便是最有德性的人，也就是最有理由培养真正友爱的人，也可能没有这样的运气遇到朋友，或许因为他们生活在一个极其败坏的城邦或者政治共同体。此外，友爱也依赖其他东西：朋友可能死去，离开了城邦，或者所处的生活环境不利于建立友爱关系。关键是，作为一种在本质上包括他人的关系，友爱**超越**了我们，它超出了取决于我们的领域，在很大程度上依赖运气和其他人的生活。虽然友爱确实与我们灵魂的状态有关，但是要实现出来也需要和他人的积极关系。与此同时，就我们实际上**拥有**朋友而言，他们成为了我们的一部分，留下了爱、情感、品格或者世界观的印记，这个过程深化和扩大了自我。但是友爱如何容纳这些看起来矛盾的特征呢？友爱如何超越自我，同时还扩大自我呢？我们可以称这个疑难为**"友爱的大小"**。

第8章 友 爱

友爱是令人困惑的。我们都在结交朋友、理解我们应该给他们什么以及我们可以从他们那里期待什么的问题上遭遇过困难。我们都经历过失去朋友,也就是失去我们世界的一部分,或者失去理解我们世界的一种观点。我们都经历过友爱与幸福之间的紧密联系,不仅是我们的幸福以某种方式依赖拥有很好的朋友,还取决于我们朋友的幸福。在本章结束,我们会澄清,虽然有一些重要的差别,亚里士多德的友爱概念其实非常接近我们的友爱概念。

8.2 朋友的不同种类(VIII.1-4)

我们首先需要做一些澄清。[①] 亚里士多德的"友爱"(philia)概念并不是我们今天的"友谊"(friendship)概念,它的范围要宽得多。当然,它涉及"友谊"所指的东西,同时也覆盖了几乎所有的人际关系类型,比如父母和孩子之间,丈夫和妻子之间,爱人之间,甚至商业合作以及城邦之间。第一个值得注意的点是,**狭义的**友爱关乎个人之间的关系(不是人群、城邦或者公民之间),特别是在彼此平等的个人之间(至少是那些被认为平等的人之间)。这个狭义的友爱排除了比如说父母和孩子之间,老师和学生之间,丈夫和妻子之间,施惠者与受惠者之间,人与神之间的关系。这不仅是描述性的说法,而且有很直接的规范性维度,关系到友爱**应当**是什么。这么说当然远不是自明的。在非西方传统中,典型的友爱是

[①] 《欧德谟伦理学》VII 也关于友爱,《欧德谟伦理学》和《尼各马可伦理学》在强调的重点上有一些或大或小的差别,我在这里不会详细讨论这些差别。

孩子对父亲的尊重。然而，在西方，亚里士多德的狭义概念整体而言得到了人们的欣然接受。毫无疑问，今天没有人还会认为丈夫和妻子依据自然就是不平等的。但是，心理学家告诉我们，父母和孩子无疑不是朋友（至少在孩子达到成熟并获得一定的独立性之前）。而且对亚里士多德来说，这些案例虽然不是狭义的友爱，但是不平等的关系依然是重要的，甚至可以被认为是高贵的。它们不是狭义的友爱，因为当一方相对于另一方处于优越地位时，他们之间就没有真正的互惠性（reciprocity），他们是不同种类的人，有不同的目标和想望。在一个意义上，他们的关系是非对称的。比如，用相同的方式描述父子关系，好像他们是平等的，明显带有误导性，因为在现实中，父亲与孩子的关系，以及孩子与父亲的关系是不同的种类。假如不是这样，那么孩子就要一直像西西弗斯那样去偿还父亲给予他存在的债务，而这是让人痛苦和徒劳无功的。

于是就需要第二个重要的澄清。亚里士多德关于友爱的看法不应该被当作通常所说的利他或无私。因为在亚里士多德的伦理学里，并没有在真正的好和有利之间的直接对立（参见本书2.4节）。相反，真正的好既是有利的又是对有德之人而言快乐的（这并不排除低劣之人错误地把有利的当作好的）。简单来说，亚里士多德的伦理学里没有要求人们牺牲自我，或者要求他们忽略对自己好的或者快乐的东西。在不幸的情境下，这样的无视或者牺牲或许是必要的或者高贵的。比如，亚里士多德赞美阿基里斯"因为他去帮助他的同伴帕特罗克罗斯，知道他自己必然死去，而如果不这样做就能活下去。对他来讲，这样的死更高贵，虽然更有利的事情是活着"

第 8 章 友 爱

(《修辞学》I.3.1359a3-5)。但这是一个比较有争议的例子,我们没有道德义务去为了朋友无视自己的好。

毕竟,我们在《尼各马可伦理学》第八、九两卷遇到了亚里士多德对友爱的讨论,就在他最终讨论幸福之前。友爱对幸福很重要,因为它关乎**我的**幸福。即便是在讨论政治性的友爱时,亚里士多德的核心观念也是只有城邦这种共同体里的成员幸福了,城邦才能幸福。这并不是说亚里士多德的友爱建立在自私基础上,或者他反对利他主义。明智的人知道,在什么环境下利他的行动是高贵的。但是他们也知道,对人来讲,很难要求他们牺牲自己的生命去创造一个他们无法享受的世界。

现在我们可以来考虑第一个关于友爱的定义了:

> **VII.2.1155b31-34**:对于一个朋友来讲,【1】我们必然为了他自身之故(*ekeinou heneka*)而想望好的事情。然而,那些想望某人有好事的人就被说成是对那个人抱有好意(*eunoia*),即便同样的想望没有得到回馈,【2】因为友爱被说成是相互性的好意;或者,我们或许必须加上"不是没有意识到的"。

在【2】和【3】里,亚里士多德引入了一个在友爱和好意之间的类比。好意与友爱相似,但是并不等同(IX.5)。好意是对他人和他们价值的正面看法,但是它并不伴随和他们共同行动的意愿,也不建立在任何长期的交往熟悉基础上。更重要的是,在好意中,没有相互性的要求,因为 A 对 B 的正面看法并不预设 B 对 A 的正面看法。好意也没有意识的要求,因为 B 可能并不知道 A 对自己的好意，我们不可能说"我是张三的朋友，但是张三并不知道"，或者"我是张三的朋友，但是他不是我的朋友。"而相比之下好意的语法允许这样的说法。

这教会了我们一些关于友爱的语法中重要的东西。但是，不管怎样，关键在于【1】，我们必须要为了朋友自身之故想望好的事情。只有在我们破解了这个说法之后，我们才能完全理解亚里士多德关于友爱的论述。然而，在那之前，我们需要做一些进一步的澄清。

亚里士多德根据三种对象区分了三种类型的友爱。这些对象是高贵的、快乐的和有用的（参见本书 2.4 节）。如果有用的或者有利的可以被置于快乐之下（VII.2-3.1155b18-1156a8），那么最后就有两种友爱：一种是建立在真正的好之上，另一种是建立在快乐之上。以这个区分为基础亚里士多德发展出一种新的在完美的和较低的友爱之间的评价性或规范性区分：

> **VIII.3.1156b7-11**：【1】然而，完全的（*teleia*）友爱是在德性上彼此相似的好人之间的友爱；因为每个人都想要他人好，就那个人是好人而言，并且每个人确实也是好的；【2】那些为了朋友自身之故想望朋友好的人最是朋友，他们因为彼此自身而非偶然地这样做。

【1】主张，完美的友爱是好人之间的，也就是说，在那些有着相似伦理状态（也就是德性）的人之间的。这个说法可能会给我们这样的印象，即友爱只不过是一种事态，两个有德性的人碰巧遇

第 8 章　友　爱

到，并且喜欢彼此；或者朋友不过是两个已经有德性的人生的加冕时刻，他们独立于这段友爱实现了这样的人生。这两个印象都是错误的。对亚里士多德来说，至关重要的是，友爱是一种渠道，通过它我们可能会**变成**有德性的（对于这个观点的完全的证成会在本书8.4节讨论）。

【2】说的很清楚，两个有德之人间的友爱是完满的，因为一个人为了另一个人自身之故希望他好。为了澄清这个有些模糊的说法，亚里士多德诉诸一些同样模糊的词汇："内在的"（*kath'hautous*），"因为自身"（*di'hautous*），"不是偶然的"（*ou kata sumbebêkos*）。这些词汇意在阐明，在完美的友爱中，有德之人认识到彼此真正是什么样的，也就是说，他们考虑到彼此真正的身份，展示一个人作为道德行动者的品质。当然，在朋友身上可能有无数种偶然的性质，它们并不构成友爱的要素，或者道德的自我，比如他们是高是矮，是美是丑，是富是穷，等等（我们很快会回到这个关于偶然性质的问题）。

就目前而言，【2】更加复杂：完全的友爱依赖亚里士多德最开始（在前面引用的 VIII.2 的文本中）认为的任何友爱中普遍具有的要素（也就是完美的和低劣的友爱都具有的要素），即我们应当为了朋友自身之故希望他好。这个新的困难，在亚里士多德对于较低的朋友的定义中变得更加紧迫：

VIII.3.1156a10-19：【1】那些因为利益爱彼此的人并不是内在地爱彼此，而仅仅是因为可以从彼此那里获得好处；【2】那些因为快乐爱彼此的人与此相似，因为他们喜欢风趣的人不是因为有某种品格，而是因为他们让他快乐。【3】那些因为利益而爱的人，因为对他们好的东西而产生好感，那些因为快乐而爱的人因为他们自己的快乐而产生好感，不是因为被爱者自己，而是因为被爱者是有用的或者令人快乐的。【4】这些友爱，事实上只是偶然的友爱，一个因为那种方式被爱的人也不是因为他之所是而被爱，而是因为他提供某种好或者某种快乐。

当我们因为他人给我们提供了快乐（比如金钱、性快感等）而和他交友时，就产生了低级的友爱。这样的好是偶然的，因为关于朋友的财富和性吸引力的信息，并不能告诉我们任何关于他们伦理性质的信息，不完满的友爱关注偶然的、与伦理领域无关的特征。

但是这些区分看起来依然很抽象。在给它们更多内容之前，我来澄清两个进一步的精微之处：（1）低级的友爱并不是不真诚的、剥削性的或者虚假的，因为两个人可能真诚地、全心全意地同意，有利的和快乐的东西总是好的，因此，他们的友爱可以建立在相互的利益或者利益的交换之上（比如金钱、快乐、公共事务上的相互帮助）。（2）在完满和低级的友爱之间的区分并非意在表明有德性的人实际上**只**拥有，或者应当**只**拥有完美的友爱。那是不可能的。在完美的友爱之外，他们也从事那些与他人的道德身份毫无关系的活动（比如做买卖）。这里考虑的仅仅是，一个人是否**也**能够参与这种完满的友爱；重要的仅仅是一个人认为最高的友爱是什么，他愿意和什么样的人共同生活，以及那些种构成了一个人幸福的活动是什么。

第 8 章　友　爱

在收集了很多开放的问题之后，我们现在来阐明前面提到的那些理论区分，考虑它们对于这两种友爱分别意味着什么。首先，我们可以回想在制作（poiêsis）和行动（praxis）之间的区分（参见本书1.1和4.4节）。在制作中，就一个建房者建房而言，这个房子尚未存在；但是当这个房子被建好了，建房者的建造行动就停止了。这样的区分对于一部伦理学著作来讲可能是多余的，假如它不能帮助我们理解我们为什么会在把握正义、友爱等东西时犯错。事实上，那些投身于低级友爱的人，把友爱理解成好像是某种制作活动。在这方面，有三个考虑格外重要。

第一，一旦一个人追求的或预期的好处被制造出来或者实现了（VIII.8.1159b10-12, IX.1.1164a8-10），那么低级的友爱也就解体了。制作活动以相似的方式得以完成。设想在我和张三的低级友爱中，我预期会得到一些钱。一旦张三给了我所需要的钱，我们的友爱就变得没有意义了，很快就停止了。因此，低级的友爱非常具有竞争性。如果李四可以给我更大的、更容易的或者更直接的好处，那就给了我另一个理由结束和张三的友爱。此外，一旦我所看重的快乐或利益开始发生变化（这种变化本身对亚里士多德来讲就是缺少德性的症状），那么我就有动力寻找新的、更能够提供给我现在感兴趣的快乐或好处的朋友。与此不同，我们没有理由结束完满的友爱。只要双方还保持着他们的道德身份，完满的友爱就可以持续下去。亚里士多德没有将完满的友爱浪漫化，好像它们不可能发生变化或解体，在人类领域没有任何东西能享受这样的不变性。有德之人也可能发生变化。有时候，虽然很少，他们也会因为不幸的环境或者创伤性的经历而不再拥有德性。这些变化甚至可能是不可逆的，我们可能都认不出他们来（IX.3.1165b21-22），无法帮助他们重获之前的状态。在这样的环境下，完满的友爱也会解体。但是即便在这些极端情况下，我们过去友爱的价值也绝不会遭到质疑，相反，它提醒我们那些高贵的事情。

第二，如果我们考虑友爱中的主动（*philein*，施爱）和被动（*phileisthai*，被爱）在完满的和低级的友爱之间的差别，这个区分就会更加清楚（VIII.8.1159a12-28）。在低级的友爱中，主体享受的是被动地接受他人的爱，因为一个人从他人那里获得的好处更重要。低级友爱的实现仅仅建立在被动接受一方的结果上，这一点也显示了与制作结构上的相似性。在完美的友爱中情况相反：我朋友的存在促使我去完成道德上好的行动。

第三，上面提到的对比也可以用决定来刻画（VIII.13.1163a9-23，参见本书5.1节）。事实上，那些参与低级友爱的人用他们获得的好处来量度友爱的价值。在低级的友爱中，朋友行动背后的动机不重要。只有制作的结果或者利益才重要（这些是我实际获得的好处）。在这些情况下，朋友的意图、决定、目的、他们思虑的步骤，都是次要的。相反，在完美的友爱中，只有我朋友的德性才是重要的，因为它反映在他们的决定和行动中。

现在，我们有了更完整的图景，来区分完满的和低级的友爱，但是我们似乎依然处于恶性循环之中：如果在**所有的**友爱中，我们都为了朋友自身之故而想望朋友的好，就像在朋友的最初定义中强调的，那么我如何能够在低级的友爱中因为朋友自身之故而想望他的好呢（这些友爱尽管低级，但依然是友爱，虽然在这些情况下我主要关心的是我**自己的**好处）？我们应当得出结论说，最终，低级的友爱并不构成真正的友爱。(在文献中，这一组问题经常被置于"友爱的核心含义"之下。)

这里的任何对立都是表面的。不管是完满的还是低级的友爱，都指向另一种不同于我的道德行动的来源，而我依赖这个来源：我需要他人的存在才能做那些与道德相关的行动（我会在本书 8.4 节解释为何如此）。再说一遍，我们看到，朋友是外在的好，这种好不是我可以自己产生的。重要的是，行动来自其他的行动者，他们和我一样理解好。在完满的友爱中，其他人是德性行动的来源，比如正义、勇敢、豪迈等的行动。在低级的友爱中，他们为了财富、快乐等采取行动。在这两种情况下，朋友的存在对我来讲都是好的。在这两种情况下，显然，(任何种类的)行动都依赖某个基础(另一个行动者) 才成为可能。为了朋友自身之故而想望好的东西，就等于是想望他们继续产生那种对我们的友爱来讲重要的东西。产生这样的好显然是某种对我的朋友来讲重要的东西，也就是说他们自己认为好的东西，因为朋友间分享相同的好的观念（不管是真正的好还是表面的好）。

我们可以称这种模式为**对称原则**：从朋友的角度看，相同的东西显得是好的，在完满的友爱中这是真正的好，而在低级的友爱中，这是表面的好，也就是单纯的有利或者快乐。亚里士多德用下面的类比阐明了这个对称原则：

> **IX.4.1166a1-2**：适合于邻人的友爱的特征，以及各种友爱得以定义的特征，看起来始于一个人与他自己的友爱。

当亚里士多德提出这个类比,他把注意力从各种不同的友爱转向了完满的友爱。不管怎样,他的论证可以重构成符合对称性原则的样子:(1)对我自己和朋友,我为了自己或者朋友自身之故想望自己或朋友的好,也就是说,我想望他们和我继续像我们实际所是的样子存在。(2)此外,这种在友爱中的平衡只有在我和朋友共度时光,做出于相同选择的行动,并且对什么是痛苦或快乐有着相同的理解时才是可能的。

即便有对称性原则,我们依然可以区分完满的和低级的友爱。在完满的友爱中,我们希望我们的朋友保持有德性的状态,而在低级的友爱中,我们仅仅把朋友看作好处和快乐的来源。在德性型友爱中,我们也希望自己保持有德性的状态,而在低级的友爱中,我们希望自己得到好处和快乐。

完满与低级友爱这对论题的根本区别可以通过采取一种动态的、时间性的维度,而非静态的维度,得到更好的理解。毫无疑问,亚里士多德有时候会提出夸张的说法,说低劣之人的灵魂是分裂的,永远受到折磨,他们憎恨自己或者他们的存在(IX.4.1166b11-13)。然而,日常经验表明,这样的情况极少发生。低劣之人经常认同自己,因为他们确信利益或者快乐就是真正的好。此外,在太多情况下都是他们在今生的成功加强了他们的信念。即便如此,在与他和与我们自己的低级友爱中,时间的流逝带来了不稳定性。我们已经知道了为什么如此(参见本书6.2和7.4节):真正的好是确定的,而表面的好是不确定的。有利的和快乐的东西是相对的好,依赖人们在此时此刻把什么当作有利的和快乐的。与此类似,我们对于什么行动可以产生快乐的判断在不同的

第 8 章 友 爱

情况下是不同的，在不同的人生阶段也是不同的。这就是说，有利和快乐的范畴并不能够**确定无疑地**确认一些好的行动。因此，即便低劣之人想要在相同的人生道路上前进，他们也会经历一种内在的张力，类似低级友爱解体的方式。他们会后悔人生中的很多事情，他们不会后悔总是选择了快乐的或有利的事情，而是后悔他们曾一度认为某些事情有利或快乐。回头看去，他们认识到他们错过了很多机会去增加他们**现在**认为有利或快乐的事情，为这些策略性的错误指责自己。在展望将来时，他们遭受着我们在商业中经历的那种无用感（futility）（参见本书 1.4 节）：不管他们实际有多少财富、快乐之类的东西，他们还想要更多，不可能确定或者预见获得满足的未来时刻。这样的人或许会焦虑，像过去一样，他们也会很快放弃当下对某个表面的好的执念。在回望过去和展望将来这两种情况下，虽然他们并不意在否认自己的道德态度，但是却必然会否认过去和将来的部分自我。

现在我们来总结一下：虽然有一些重要的差别，但是在完满的和低级的友爱中，都有两个分离的、对称的和平等的极点。**分离**：我的存在外在于朋友的存在，想要结合成一个有两个不可分离的成员的自我，并不构成最好的友爱，而是友爱的毁灭。这也是亚里士多德在《政治学》II.2-6 所说的多元性。**对称**：朋友分享着共同的关于好的观念。**平等**：朋友的好并不优先于其他人的好。低级的友爱也是友爱，不仅因为它们模仿完满的友爱，或者因为有利的和快乐的东西总是依赖真正的好；它们还用自己的方式满足了任何一种友爱必须要满足的基本要求：只要关系持续，我就希望朋友存在。一种非常有趣的对友爱的刻画开始显现出来。

8.3 友爱与行动（VIII.5, IX.12）

对现代人来讲，友爱关乎表达和分享情感、我们最内在的自我，这种表达和分享只在属于真正友爱的毫无保留的信任之中，而不属于政治领域。亚里士多德的友爱出于很多理由与此不同。比如，第一，在希腊的世界观看来，并没有在公共与私人生活之间的清晰二分，亚里士多德的立法者同时规范两者，认为它们都属于政治领域。第二，需要在私人场合表达自我是一个现代发明，它预设了我们的内在自我从外面是不可见的，揭示它预设了我们想要**表达**它。在这些重要的差别之外，还有一点至关重要，那就是亚里士多德的友爱首先关乎行动：

> IX.12.1171b32-1172a13：【1】友爱是一种共同体（*koinônia*）；【2】就像一个人与自己相关，他也和朋友相关……【3】不管每种人如何生活，不管他们选择为了什么生活，这就是他们想要在朋友的陪伴下花时间去做的事情……【4】他们甚至在行动和纠正彼此之中变得更好，因为他们在让彼此愉快的事情中接受了那些事情的印记。

【1】表明友爱是一种共同体。亚里士多德反复说，友爱是一种言辞和行动的共同体。如果我喜欢与某人交流言辞和思想，如果我和他共同完成某种计划，那么他就是我的朋友（讨论和行动都实际发生了）。这需要满足两个条件：第一，一个人想要实现共同的行动；第二，日常的情境让共同的行动可以实现。当朋友被长时间分

开，友爱就变成了一种虚幻的想望。这提醒我们在友爱和好意之间的区分，以及为什么后者不能成为友爱。

语言和行动的共同体，使得友爱成为一种优越的可见性（privileged visibility）的场所。但是我们不是在日常交往中也会在政治共同体中交流语言和行动吗？毕竟亚里士多德也用"共同体"这个词来形容政治组织。是什么性质或特征让友爱成为一种优越的空间，成为共同生活的共同体呢？友爱确实有一些特殊之处。（1）只有在（真正的）友爱中，我们可以与相同的人培养起一种坚实的和持久的关系，因为我们共享着相同的关于好的观念。（2）长期交往让我们更加清楚朋友的行动和决定中体现出来的伦理品质。（3）因此，我们和他们的关系就有了一种特殊的透明性和可见性，这都是我们在通常是匿名性的公共领域里看不到的。在（真正的）友爱中，我们对朋友的道德品质非常确定，朋友中的哪一方开启某个行动并不重要，重要的是做了什么行动（比如正义的行动），因为完满的朋友对于行动的始点或原则非常确定（比如为了正义）。我们需要注意，在这里是行动而非对不可见的自我的表达，才是最重要的。

【4】补充了这个图景：我们因为朋友的行动成为更好的人。他们的持续在场促使我们一直做出道德上好的行动。在一个意义上，朋友将他们的印记印刻在彼此之上。因此，完满的友爱不仅仅是依赖之前的德性状态的共同行动，还拥有一种动态的特征。这一点在低级的友爱之中也成立，虽然他们是为了积累利益、培养聪明、享受名声和公共的荣誉等等。

【2】和【3】进一步阐明了我在前面说到的对称性原则。因为

在完满和不完满的友爱中的朋友分享共同的关于好的观念，因为那个观念也决定了我们如何理解与自我的关系，因此我们对待朋友的方式必然和我们对待自己的方式相同。换句话说，我们的真实自我决定了我们选择未来朋友的标准。在完满的友爱中，我们对自己和朋友的行动建立在真正的好之上，友爱让我们可以通达我们自己和朋友最真实的自我。在低级的友爱中，我们对自己和朋友的行动建立在表面的好之上，友爱只能通达偶然的要素。（这种共享某种好的观念对现代人来讲非常自恋，我会在本书 8.5 节讨论它的真正内容。）

友爱要求行动，这一点解决了**友爱的正义性**问题。因为行动不是私人的事情，不能躲开公众的目光，只局限在朋友的圈子里。虽然我们对朋友的行动（或者我们和他们共同的行动）始于友爱，但它们不可避免地是公共的。友爱的正义在**两个**方面发挥作用，第一个是**内在的**：友爱是一个小宇宙，因为我们不贪婪，所以运用了正义。第二个是**外在的**，友爱首先是一种行动，因此我们在其中实施正义行动的小宇宙从不会与公共领域分离，因为朋友对彼此的行动在公众视野之下，在更大的政治正义的范围之内。完满的友爱在这两个方面都会因为正义自身之故而尊重正义，而基于利益和快乐的低级友爱则不会。在后者那里，朋友可能有很"密切"的关系，可能对彼此并不贪婪。他们甚至可能尊重、爱、仰慕彼此，作为犯罪分子的黑帮可能就是这样的情况。但是"密切的"友爱并不等于"完满的"友爱，因为后者是无条件地建立在正义之上的。内在正义外在不义的友爱永远不可能是无条件地有德性的或者完满的。

8.4　幸福之人为何需要朋友？（IX.9）

前一节讨论了亚里士多德的友爱中动态的特征。但是一个重要的问题依然没有解决。这个问题会弱化《尼各马可伦理学》的很多篇章给人留下的一个印象，那就是友爱如此静态，以至于真正的友爱总是来得**太晚**，只有在实现了德性或幸福之后才有。亚里士多德讨论了这个问题：如果我们已经是有德性的和幸福的，为什么还需要朋友？为什么友爱对人生来讲是一个必需品而非奢侈品？

> IX.9.1169b3-1170a12：【1】关于幸福之人是否需要朋友也有一个争论……【2】幸福之人确实需要朋友……【3】因为我们在一开始说，幸福是某种行动，行动显然是某种生成，并不是像某种拥有那样。但是如果幸福是活着和从事活动，如果好人行动的特征在于内在的卓越和快乐（正如我们在一开始说的那样）……【4】如果比起自己，我们能更好地观看（contemplate）邻人，比起自己的行动能更好地观看他们的行动……【5】如果（有德之人）决定观看属于他自己的卓越行动，而好的朋友的行动就像这样……【6】孤独之人的生活是艰难的，因为一切都由他自己，想要持续行动并不容易，而如果与他人一起，和他人相关时，就会更加容易……【7】某种德性上的训练也来自和好人共同生活。

【1】提出了问题：如果我们已经拥有了伦理德性和明智，如果我们也拥有像财富和健康这样的外在的好，我们为什么还需要朋

友？在政治共同体里顺利地完成正义、勇敢等的行动为什么还不够？【2】提到了有声望的意见（参见本书7.1节），要想幸福我们就一定要有朋友。但是这里说的是什么样的必然性呢？朋友是德性和幸福不可或缺的、**构成性的**要素，还是仅仅是一种外在的好、实现幸福的**前提条件**？在上面这段话里，亚里士多德说友爱是德性的内在组成部分，而不仅仅是外在的条件。他从三个不同的角度说明了这一点。

第一，友爱作为一种**可观之物**（spectacle）而成为幸福的条件：【3】和【5】说明幸福在于行动，人生中的共同行动是观察或者关注某事，并且完全意识到它的价值。有德之人应该拥有高贵的可观之物，满足他们对于好的观念。因此，如果幸福在于快乐的行动，如果一种这样的行动是观看有德性的行动，那么朋友有德性的行动就是我的幸福所需要的可观之物。因为我非常确定地知道，这些行动是决定的结果，而其他那些我在政治共同体里看到的看起来有德性的行动则可能仅仅是因为服从法律或者运气。朋友的行动毫无疑问是高贵的可观之物。因此，它们也构成了快乐和幸福不可替代的来源。

第二，友爱是幸福的条件，因为它可以提供**通向德性的途径**。【6】和【7】强调了对我们来讲保持行动并不容易，而和他人一起行动和与他人相关的行动则容易得多。"与他人一起"的意思是，因为友爱我可以从事一些在我独处的时候无法进行的活动。"与他人相关"的意思是，朋友的存在促使我去做一些我可能没有做过的行动，或者和不熟悉的人在一起时不那么想要做的行动。不管怎样，我的行动在强度上有所提升，也就是说，它达到了在实践领域

第8章 友 爱

最高的连续性和无妨碍性：一方面，更多的行动，包括更难的、更高贵的、更持久的行动对我开放了；另一方面，朋友的行动也可以被算作是我的。就我们的自我由我们的行动构成而言，友爱**扩大**了自我。因为这些行动是快乐的，幸福在这些行动中达到了最高的实现。很显然，自我的扩大并不是收集尽可能多的朋友："有很多朋友的人，一个朋友都没有"（这是第欧根尼·拉尔修归给亚里士多德的一句箴言*）。因为人类的有限性，我们不可能有很多真朋友，自我也不可能无限扩大。

第三，友爱也是幸福的条件，因为它让我们可以**完全通达**（full access）他人。【4】表明，观察朋友和他们的行动、获得相应的快乐，比观察我们自己和我们自己的行动更加容易。然而，这个说法相当复杂，因为根据对称性原则，通达我们自己和通达朋友的自我应该是对称的，应该表现出相同的透明性。确实，即便在今天，我们依然认为，【4】里面的说法虽然在直觉上是正确的，但依然需要一些提纯，我们会在下一节看到这一点。

亚里士多德总结说，幸福和德性需要朋友。即便如此，还是有一个新问题：上面的说法也适用于政治生活（bios）。在这里，幸福是由道德和政治品格做出的，在一个政治共同体里为了他人而做。然而，**如果**还有另一种生活，我们称之为"理论的"或者"沉思的"（参见本书1.3节和4.3节），那么这种生活就致力于运用我

---

* 第欧根尼·拉尔修（Diogenes Laertius，公元2世纪到3世纪）是古代重要的"学述作家"（doxagrapher），他的《明哲言行录》（通常英译为 Lives of Eminent Philosophers）或详或略地记述了从哲学起源的公元前6世纪到公元前1世纪的八十余位哲学家的生平和学说，是我们了解哲学早期历史最重要的资料来源之一。——译注

们关于永恒事物的原理的知识。如果这种活动存在，如果它可以持续整个人生，那么它就完全不需要朋友。因为我们享受沉思生活的原因主要在于沉思永恒之物的原理带来的快乐，而不是实现某种政治上有德性的行动，或者观看我们的朋友。这样的人生在最高的水平上是自足的，因此，有共同的沉思者和共同的行动者就是一种奢侈，而非必要（X.7.1177a34）。

下面的例子可以帮助我们更好地理解这个悖论。去剧场时，我们的目的和快乐的来源都是可观之物，也就是戏剧表演。即便没有其他观众在场，我们依然会看到相同的演出。只要我们可以理解和品评演出，那么其他观众是否在场对于我们的审美判断，或者我们从演出获得的快乐就并不重要。甚至更糟，如果观众缺少足够的戏剧或审美教育，他们可能会发出噪音，让我们心烦，从而破坏我们对戏剧的享受。但是在另一些情况下，看到他人欣赏同样的场景可能会带来更大的快乐，只要他们也拥有相关的知识，分享我们对于快乐的评价。我们不难理解，在这些情况下，友爱是一种较弱的、非必要的条件，特别是与政治生活相比。（要理解这一点，我们可以想象爱德华·霍普的画作《晒太阳的人》里面那些一起晒太阳的人，把他们当作朋友看待。*）政治和沉思生活之间差异的更深层维度，我们会在下一章讨论。在目前的语境下，重要之处在于这些区别建立在一个假设判断之上。

---

* 爱德华·霍普（Edward Hopper, 1882—1967），美国当代画家，擅长以现实主义和静态的笔触描绘美国现代生活的孤独和寂寞。《晒太阳的人》（People in the Sun）描绘了五个在户外晒太阳的人，他们彼此没有任何交流，仅仅对着太阳坐着，只在身体姿态上有所差别。——译注

第8章 友 爱

8.5 感知朋友存在的快乐（IX.9）

引导我们走到这一步的友爱的最初定义确实很有帮助。有了这些区分之后，我们现在可以考虑友爱的第二个定义了。这是亚里士多德对这个问题的最终表达，也是《尼各马可伦理学》最有力的篇章之一：

> IX.9.1170a18-b12：【1】在完全意义上的生活，看起来是一种（积极的）感知和理解。然而，活着是内在的好的和快乐的事情之一。【2】因为有些事情是确定的，而好的本质是确定的……【3】但是如果活着本身是好的和快乐的……如果一个观看的人感知到他在观看，一个听到的人感知到他在听，一个走路的人感知到他在走，如果其他情况也是类似，也有某个东西感知到我们在行动，因此如果我们感知，我们就感知到我们在感知，如果我们理解，我们就感知到我们在理解，如果感知我们在感知或理解就是感知到我们存在（因为我们说过，存在就是感知和理解），如果感知我们活着是一件内在地令人快乐的事情……【4】如果活着是值得选择的，而对好人来讲尤其如此，因为对他们来讲，存在就是好的和快乐的……【5】如果一个卓越的人以某种方式与自我联系，那么他也同样和朋友联系，因为朋友是另一个自我……【6】那么就像一个人自己的存在对他自己来讲是值得选择的，以相同的方式他朋友的存在也是值得选择的。但是，正如我们看到的，他的存在值得选择因为他感知到自己是好的，而这种感知内在地是快乐的。

【7】他必然共同感知到他朋友的存在,就像他自己的存在一样,这是通过共同生活和共同谈话和思想实现的。

这段话无疑非常精微和复杂。基本的看法是,人生由行动构成。具体来讲,它由广义的认知行动构成,其中包括了简单的行动(比如感知)和高级的行动(比如正义和非正义的行动),因为它们也包括了感知的成分。当然,人们也会做那些和动物共同的行动(我们吃东西、移动等)。在【2】里面,亚里士多德说,认知性的行动确定了某些具体的性质,也就是说它们关注确定的东西。比如,某个能吃的东西可以满足对食物的需要,等等,那么吃这个东西对于一个饥饿的人来讲就是好的。但是在这个层面,还没有做出实质性的区分,因为我们还不知道这个可以吃的东西是不是健康的,也就是说,这个东西对于那个饥饿的人来讲到底是不是真的好。相似的区分也适用于和道德相关的行动。我们可以考虑正义和不义的例子。有德之人知道正义是什么,并且辨认出在具体情境下正义的行动。他们在他们自己和其他人的正义行动中看到的,是某种完全确定的东西,某种高贵的和快乐的东西。不义与此不同。不义是不确定的,因为不义的行动有多样的本质,就像推动它们的理由一样。不义的行动首先取决于一个人自认为的好。那个好可能是完全任意的,比如实现公共荣誉,或者服从法律,或者逃避惩罚,等等。因此,当我们观看不义者的行动时,我们不知道他们的目标是什么。这种不确定性表明了不义的行动缺乏好和真正的快乐。

与此相似,【3】和【4】让我们从一个补充性的视角看这些问题:快乐始于感知到**我们活着和行动**。这就是**我们**为作为感知主体和对象的经验。快乐随附于感知到这些被感知的行动是**我们自己的**。乍看起来,这个二重性或者镜面效果(mirror-effect)看起来是现代自我意识的亚里士多德版本。但其实**并非如此**。主要的差别在于,在现代世界,我们倾向于认为,自我是极其易变的,自我**反思**是我们创造自我的首要手段。换句话说,我们如何看待或者面对自我被认为指引着我们对于自我的重塑。自我反思首先给出了意义,或者创造了自我,因为自我并不能还原成一个人已经完成的行动。不管如何,自我反思、新的决定以及某种存在上的重生,都可以产生一个新的自我,几乎可以超越任何来自**过去**的自我。而亚里士多德的世界完全不同。对他来讲,感知到我们自己的行动(自我感知)并不决定我们是谁,也并不创造自我。相反,是我们感知到的东西,也就是我们**感知到的**行动,塑造了自我。感知我自己行动的这个行动由我**感知到什么**决定,而不是相反。因此,我的行动构成了某种我无法克服的东西。显然,我是我自己行动的起点(给定它们是自愿的)。但是一旦我行动了,自我就已经成型了。

到这里,亚里士多德虽然关注友爱的主题,但他只是触及了我们和自己的关系。朋友明显是缺席的!在【5】和【6】朋友才被引入讨论,并且暗示了对称性原则:我们与自己的关系以及我们与朋友的关系,建立在相同的好的观念之上。让我的行动成为令人愉快的可观之物的东西也让我在朋友的行动中感到愉快。之所以如此,因为我很确定我们分享着共同的关于好的看法。我观看自己的行动带来的快乐和观看朋友的行动带来的快乐,不可能有任何差别,因为它们是同样确定的和好的。因此,亚里士多德说出了那句著名的话"朋友是另一个自我"(*heteros autos*)。这个说法并没有引入一个二重的自我,好像我的朋友不过是我的副本。亚里士多德很清楚,朋友是"另一个自我",不是"另一个我自己"(*heteros heautos*)。另一个人与我相似,不是因为他是我自己或者我的反映,也不仅仅是因为,他和我一样都是有德性的行动的来源。这个相似性在任何意义上都不能破坏他作为(单独的)自我的地位。

值得注意的是,在两个朋友之间的具体特征或差别是非物质性的。只有他们的德性(或者缺少德性)才是重要的。在亚里士多德的世界观里,现代意义上的个体性是不存在的。目的并不是与别人不同或者独特,而是变得有德性或幸福。因此当【3】解释说快乐随附于感知到"我"是行动的人时,这里的"我"并不意味着现代意义上的个体。因此【3】与【5】和【6】并不矛盾。这个论证是这样的:(1)如果好本身是由好的或有德性的行动构成的;(2)如果我的很多行动都是由一个和朋友一起行动的扩大的自我完成的;(3)如果我很确定地知道,那个决定推动了我和朋友的行动,那么(4)当朋友行动时,我在他们的行动中就看到了像我在自己行动中看到的那个有德之人。

【7】用"共同感知"(*sunaisthanesthai*)把所有之前的要素都聚拢起来,我与他人的关系就像我和自己的关系一样,是一种感知。我感知到我的朋友活着,也就是他存在和行动,是令人快乐的,而且与感知到我自己活着是快乐的一样。在这两种情况下,感知的对象是相同的,都是有德性的行动。因此感知的主体"我"也是相同的(这就是为什么在【6】里面"在同样的意义上"说,自我的主轴虽然略有主导性,但是不会威胁到平等,参见下文的讨论)。"共同感知"这个动词应该在两个互补的意义上理解:第一,

第8章 友 爱

它的意思是我同时感知到我的行动和朋友的行动。第二，我们共同感知，就像"共同生活"(*suzein*)这个词表明的，也就是我们感知到彼此的行动或存在。这种感知只有在共同行动的语境下才有可能（在这方面【8】格外有帮助）。因此，亚里士多德的朋友可以对彼此说"我感知到你的存在是多么高兴"。

这个最终的友爱定义建立在之前的疑难之上，并且解决了那些疑难。友爱要求两个分离的自我。任何想要把友爱转变成某种融合的或者无缝的整体的尝试都会破坏友爱，因为那会破坏友爱真正的共同感知。不管怎样，我们现代人倾向于这样的融合，试图以此克服过分的个体性或自私性。但是出于我们已经看到的原因，如果我们的自我概念围绕着行动这个主轴，就根本不会有这个问题。

或许在有德之人之间的友爱是确定的和快乐的，因为他们的行动也是有德性的，而那些低劣之人之间的行动则不可能是完美的。这些友爱可能很紧密，甚至很真诚，比如一群发誓彼此忠诚的匪徒可能会彼此倾慕，可能会在彼此的行动中感到快乐。但即便是很亲密的友爱也不是完美的友爱，因为后者要求朋友之间和之外的正义。我们现代人经常会犯错误，仅仅从内部来看友爱。我们很可能被自己想要获得的那种贪婪的、不义的、全能的现代自我限制在这个视角之中，而忘记两个朋友之间那个扩大的、亲密的、不自私的联合。然而，如果我们忽视友爱对正义的要求，就把友爱变成了某种贪婪的东西，从而用不义的二重性代替了不义的自我性。

对亚里士多德来讲，自我从来不会被任何宣称的自我牺牲或者无视自己幸福的要求所取消，虽然在极端情况下，为朋友甚至政治共同体牺牲，确实是德性的要求。我朋友的存在本身是有价值的，但是希望**我的**朋友在一个**没有我**的世界里生活，或者希望他们变成神从而不再是**我的**朋友，都是非常奇怪的（VIII.7.1159a5-8）。友爱要求两个分离的自我。这个原则不仅适用于我的朋友，也适用于我。

友爱需要时间去发展，这并不是某种可以事先决定的东西。我可能会遇到某人，意识到我喜欢他们或者我们有共同的信念、计划、忧虑等，接下来**决定**从此成为朋友，这一切也可能不会发生。友爱不像计划一场戏剧演出或者实现某种共同的生活计划，而不管我们存在上的投入（existential investment）有多少。亚里士多德对友爱的论述非常不同，并且我认为他的论述更接近我们的日常经验。

亚里士多德的论述是这样的（IX.5.1167a3-14）：我们享受社会性或者与他人的协作，当我们**认为**（有不同程度的确定性，通常跟随一种感觉而不是透明的认知状态）我们共享着某种（或者真实或者表面的）好。这个观念通过正义或不义的行动、勇敢或怯懦的行动等，在我们的公共自我，在我们都喜欢的谈话、聚餐、看电影中得以表达。大多数情况下，有德性的人喜欢聚在一起（低劣之人也喜欢聚在一起），这不过是因为他们喜欢彼此，熟悉彼此，并且认可相同的行动。如果运气不错，也就是说如果死亡、严重的疾病、距离或者能够完全或者不可逆转地改变我们人生的环境没有把我们分离，那么这个行动和言辞的共同体就会持续很长时间。有一天，他们会非常**确定**彼此的决定，这时候一个有着真正的共同感知和共同快乐的共同体将会出现。到那时，我们会意识到我们**已然**是朋友，只要运气允许，我们的友爱绝不会解体（即便解体我们也会记得这段高贵的和有价值的经历)。这种在一定的可见性范围之内对快乐行动的共同感知,对于幸福具有构成性的意义。

我们现在做好准备转向第十卷,最终来看看幸福的生活到底由什么构成。

拓展阅读

关于正义与友爱的关系,参见 Sokolowski 2002。关于友爱的定义,参见 Cooper 1977。对于 IX.9 的分析,参见 Kosman 2004。关于古代和现代伦理学中对于自我和他人关切的差别,参见 Annas 1993, ch. 12。

将亚里士多德的观点与两种现代友爱观进行比较非常有益,两种现代友爱观分别体现在蒙田的散文《论友爱》和康德的《道德形而上学》和《伦理学讲义》中。对现代友爱观的辩护,参见 Honneth 2014, ch. 6.1;对亚里士多德友爱观的辩护,参见 Nehamas 2016, chs. 1, 6。

第 9 章
首要的和次等的幸福

9.1　比较明智与智慧（VI.12-13）

　　早在《尼各马可伦理学》I.7 讨论人的功能时，就有一个悬而未决的问题：虽然我们得出结论说，幸福是一种灵魂合乎德性的活动，但问题是德性有很多种（参见本书 1.6 节）。因此，为了弄清什么是幸福，我们不得不找出哪种德性是最好的、最完全的。在第十卷之前，我们仍然没有得到关于这个根本问题的明确答案。

　　不过，在第六卷中，我们清楚地看到有三种候选德性：伦理德性、明智的理智德性和智慧的理智德性。因此，幸福的定义可以有三种表述方式：幸福是一种符合品格德性的或明智的或智慧的活动。

　　我们可以很容易地排除第一种可能性，因为伦理德性需要明智（我会在本书 9.5 节中回到这一点）；只有在明智的指导下，伦理德性才能达到最完全的形式，明智使我们能够知道如何界定中道，以及如何选择和辩护我们的目的。即使是孩子在受教育过程中获得的习惯化的德性，也以明智为前提，也就是教育者或立法者所拥有的

第9章　首要的和次等的幸福

明智（参见本书2.3节）。

因此，我们还剩下两个候选者，即明智和智慧。这正是问题的关键所在：幸福领域的"诸神与巨人之战"（gigantomachy）是这两个对手之间的较量，一方是政治生活框架内合乎明智的实践活动，另一方是沉思生活框架内合乎智慧的理论活动。亚里士多德从第一卷开始就在慢慢揭示获胜者的身份，但胜负并不显然。甚至无法确定是否存在真正的较量。不过，第六卷至少设定了议程：

> **VI.12.1143b18-21**：但是，有人可能会提出这些德性对什么有用的问题。因为智慧无法从理论上把握人类获得幸福的任何事物（因为它与生成无关）。而明智确实能够把握这些事物，但人们需要它来做什么呢？

亚里士多德首先给出了一个论证，似乎要取消智慧的候选资格，因为智慧是理性活动的德性，本质上关乎永恒存在的知识。显然，人的幸福不是永恒的。我们并非生来幸福，而是**变得**幸福。因此，至少在一开始，当智慧完全不涉及人类生活本身时，说它能确保幸福就很奇怪。此外，**只有**从事纯粹理论活动的人才会幸福的说法听起来过于极端，几乎没有说服力。因此，看上去我们正在转向明智这个候选项。然而，当我们确信这就是亚里士多德的观点时，这段话末尾的问题又动摇了我们的信念。几行之后，亚里士多德又做了进一步的澄清，使得动摇更加强烈：

幸福为什么很重要？

VI.12.1144a1-5：首先，我们要说明的是，这些状态肯定是因其自身而值得选择的（因为每一种状态都是［有理性的］两个部分中一个部分的德性），即使它们不会产生任何东西。其次，它们事实上产生了一些东西；不过，不是在医学产生健康的意义上，而是在健康产生健康的意义上。智慧也是这样产生幸福的。

VI.13.1145a6-9：然而，［明智］既不控制智慧，也不控制灵魂更好的部分，就像医学不控制健康一样；因为医学不使用健康，而是寻求生成健康。因此，它不是给健康下命令，而是为了健康下命令。

现在，人们可以通过多种方式将某种事物与健康联系起来：（1）健康的身体状态使其从事健康的活动；（2）药物带来或恢复健康；（3）通过练习和锻炼，身体可以变得健康。那么，第一种情况与其他两种情况之间就有了区别，因为后两种情况与带来健康的知识或活动有关，而第一种情况则涉及一种状态（健康）与其实现或使用（进行健康的活动）之间的关系。在这种关系中，我们无法区分内在和外在的部分；因为无论是作为一种状态还是作为一种实现存在的都是同一种能力。亚里士多德要求我们考虑以下类比：智慧与幸福的联系并不像医学与健康的联系，而是像健康与健康的联系。如果我们顺着这个类比提供的线索走下去，就必须认为，智慧是一种健康的（有德性的）理智状态，它的每一次实现都**必然**表现为健康（幸福）。换句话说，智慧的**每一次**实现活动在本质上都是幸福。因此，尽管智慧的对象——像神（在从事神学时）、天体（在

第 9 章 首要的和次等的幸福

从事天文学时）或数学对象（在从事数学时）这样的永恒存在——**不是**我们，但每当我们按照智慧从事相关的理论活动时，我们都是幸福的。因此，虽然明智和智慧都是德性，因此都"值得选择"（指好人希望拥有的东西），但智慧和沉思生活优先于明智和政治生活。

同样，明智既不构成健康的实现活动，也不使用健康；它类似于**产生**健康的医学。然而，医学只理解、尊重和服务于由人体本质所决定的健康。同样，这段话似乎也表明，明智的唯一目标就是成为一个服务者，尽可能为智慧的实践创造有利条件，从而确保智慧的活动成为可能。正如健康优于医学，智慧也优于明智。如果我们用**哲学**来代替**智慧**，那么只有哲学家才会幸福，而他们只有在运用哲学知识时才会幸福。因此，如果明智只是智慧的服务者（就像医生一样），那么智慧的人想要幸福就不需要同时拥有明智，就像没有人需要自己是医生才能健康一样。

如果这个结论是亚里士多德的定论，如果我们就停在 VI.13，我们就会得出这样的结论：智慧的实现活动就是幸福，而明智只是一个服务者，其作用在于为智慧的实现活动创造适当的条件，仅此而已。因此，亚里士多德作品中唯一一处如此诚挚地赞美明智的《尼各马可伦理学》第六卷最终将使明智蒙羞，而几个世纪以来政治生活的支持者则不得不想方设法咽下他们深深的失望感。

然而，这些想法并不是最终的结论，虽然第十卷并没有改变议程，但它确实说明了上述图景过于简单。

幸福为什么很重要?

9.2 完全的幸福（X.6-7）

迄今为止，有三个重要的问题尚未得到回答：

1. 智慧的运用在什么意义上构成了幸福？
2. 智慧的人**需要**怎样的明智才能获得幸福？
3. 在**不**拥有智慧的情况下可能幸福吗？

先说第一个问题。毫无疑问，X.6-7 是以亚里士多德在 X.1-5 中对快乐的研究为基础的。尽管如此，值得注意的是，在 X.7 中，亚里士多德提出，为了正确理解符合智慧的活动如何与幸福相关，我们不应该简单地谈论幸福，而应该谈论"完全的幸福"（X.7.1177a17）。这个措辞听起来很奇怪：如果幸福是符合最好、最完全的德性的活动，如果完全是任何幸福的标准，那么谈论"完全的幸福"又有什么意义呢？ X.7 中的一段文本将所有问题都摆在了桌面上：

> **X.7 1177a12- 1177b26**：【1】但是，如果幸福是合乎德性的活动，那么它就应该符合最卓越的德性；也就是人的最好部分的德性。那么，无论这个部分是理智还是其他……无论它本身是神圣的东西还是我们身上最神圣的东西，当它的活动与恰当地属于它的德性相符时，那就是完全的幸福。我们已经说过，它是沉思的活动……【2】此外，它是最有持续性的活动；因为我的沉思活动可以比其他任何事情更持续。【3】此外，我们

第9章 首要的和次等的幸福

认为幸福必须混合着快乐……【4】此外，我们所说的自足最属于沉思活动……但是，有智慧的人，即使一个人也能沉思，而且他越智慧就越能一个人沉思。对他来说，也许有同伴会更好，但无论如何，他是最自足的……【5】此外，这种活动，也只有这种活动，看上去因其自身而被喜爱……【6】此外，幸福似乎在闲暇之中；因为我们忙碌是为了闲暇，发动战争是为了生活在和平之中……但是，政治家的活动也是无闲暇的……【7】那么，这种活动［即理论活动］就是人的完全幸福，只要人能拥有完全的一生（因为幸福的特征中没有什么是不完全的）。

这七个论证试图回答我们提出的前两个问题。在大多数情况下，它们运用了我们已经熟悉的观点，因此我会简要地提及它们。

【1】智慧是人类理性灵魂最高的部分，也就是我们最接近神的部分，即理智（nous）的德性。我们**不是**神，但我们身上有神性的东西，因为理智包含神性的特征，即作为统治的要素，并处理神圣的永恒事物。（这里的疑难是："统治"这一隐喻来自政治的实践领域，它适合智慧还是更适合明智？）因此，它使我们有能力实现人类所能达到的那种不朽，亚里士多德在几行字中将其美妙地描述为使人不朽。从某种意义上说，理智才是我们真正的所是（X.7.1178a2-3）。就像我们如今所说的，它是我们真正的自我，我们应该认同的自我。

【2】智慧是一种德性，它涉及的活动是完全理性的，是人类所有活动中最具持续性的，因为它最不依赖于物质性，也最不易败

坏。持续思考比持续行动要容易得多。然而，这种轻松并不等于无所事事；这种轻松是最纯粹的人类活动和最纯粹的人类快乐固有的。至于其他方面，亚里士多德意在强调，理论活动的确也是一种行动，即使不是用身体做事的那种普通行动（《政治学》VII.3），这与一般人的想法不同。

【3】快乐是幸福的组成部分。活动越是持续、没有妨碍和稳定，相应的快乐就越多（正如我们在本书 7.5 节中看到的），幸福也就越完全。

【4】理论活动是最自足的，因为它对外在好的需求最小，因为外在的好（如朋友或财富）并不是理论活动的组成部分。从事理论活动，不需要合作者，尽管合作者能带来益处。理论活动是最能独自进行的活动（参见本书 8.4 节）。与此相反，实践活动需要他人和外在的好：没有财富和可以接受给予的他人，一个人就无法实现慷慨的德性（见本书 1.5 节）。

【5】理论活动是唯一不为任何其他目的服务的活动。它没有任何用处，因为灵魂没有任何更高的部分或成就是理智所能提供帮助的。更重要的是，理论活动并不以改变自然世界为目的，而明智却以改变自然世界为目的。这就使得明智依赖于外在的好，并在某种程度上依赖于我们的行动是否真正产生了影响（即使影响方式与技艺性知识及其产品截然不同）。

【6】理论活动与亚里士多德所说的闲暇并存。闲暇包含这样一个概念，即主体不从事任何以获取我们生存必需品为目的的身体活动，或者不从事任何由某种必然性或不希望发生的情况（如战争）所导致的身体活动。理论活动之所以在闲暇中被实现，正是因

第 9 章　首要的和次等的幸福

为它从未以这样的好为目的或构成要素。相比之下，政治生活就像我们在文中所读到的那样，是"无闲暇的"（我后面会再谈这个问题）。

【7】在一个成年人完全的一生中，相应于沉思活动的完全幸福可能出现在不同节点。正如我们在"功能论证"中所看到的（参见本书 1.6 节），"完全"一词在这里指的是内在的统一性和一致性，没有任何重要的缺失或多余。

在第十卷中，我们第一次看到亚里士多德为理论生活的首要地位辩护：幸福是灵魂合乎智慧这种德性的活动（套用 I.7 中对幸福的定义）。这样看来，我们似乎已经回答了第一个问题，即按照智慧进行理论活动是否就是完全的幸福，答案是肯定的，尽管还需要进一步澄清。

第二个问题是，明智是否只是智慧的服务者，就像医生是健康的服务者一样。这就意味着，明智着眼于提供某些好（比如基本的外在好，或者一个有着良好立法的城邦供人们居住），而一旦获得了这些好，智慧的实现活动**就是**幸福，因此，每当环境使得智慧得以运用时，这些理论活动就完全是幸福。

要正确回答这个问题，我们应该回顾一下本书 1.6 节中所遇到的**幸福**与幸福**生活**（或幸福的人）之间的区别。我说过，幸福是最高的好的占位者（placeholder），我们现在知道，这种好是属于按照智慧进行的理论活动。但是，幸福**生活**是另一回事，因为幸福**生活**包含着某种统一性和对这种统一性的某种认识；此外，任何人类生活都不可能仅仅由理论活动构成。

幸福为什么很重要？

有鉴于此，让我们重温一下【6】中关于闲暇的论证。在【6】中，闲暇被描述为人类生活的一种境况，一起提供给我们的还有一套蓝图，我们的闲暇时光可以也应该只由理论活动来填充。但其实并非如此。在《政治学》中，亚里士多德更加谨慎地解释说，为了正确地管理闲暇，需要节制和正义（《政治学》VII.15.1334a 11-34）。如果没有节制，我们可能总是喝得太醉或吃得太饱而无法沉思。但是，如果正确对待闲暇需要这些伦理德性，那么它的前提就是拥有明智。因此，闲暇并不是一个可以被理论活动填满的空间，理论活动也无权占据闲暇的全部空间和时间，帮助朋友、保护孩子、完成正义的要求，这些都可以被优先考虑，而且通常会被优先考虑。要管理好闲暇，需要的是明智，而不是智慧。而且，既然幸福在于有闲暇的生活，那么有智慧的人如果没有明智就不可能幸福。

我们在【7】中提到的"完全的一生"也是这个意思。完全的幸福是在理论活动中实现的，但它也需要完全的一生，而后者的前提是我们能够将人生视为一个整体，而不是闲暇的快乐的独立片段。但智慧不知道如何制定人生计划，对人类事务、世事沧桑等一无所知。而明智从一开始就被定义为一种能让我们从整体上看待人生的知识。因此，要让运用智慧成为幸福**生活**的实例，明智是不可或缺的。

总之，智慧的运用的确是人的完全幸福，但除非智慧者同时拥有明智，否则幸福生活就是不可能的。一个幸福的智慧之人，必然也是一个明智之人。

9.3 次等的幸福（X.8）

然而，还有一个问题仍然没有答案：一个明智的人如果没有智慧也能幸福吗？对我们大多数人来说，最迫切的问题是政治生活能否成为幸福的生活，在其中，我们的生活围绕着家人和朋友、正义与非正义、技艺、身体锻炼、与亲近的人共进晚餐、性生活、获取和使用知识等等。亚里士多德的回答如下：

> **X.8.1178a9-10**：最幸福的生活中次等的是符合其他德性的生活；因为符合其他德性的活动是属人的。

因此，对于那些完全不运用智慧的人来说，非常幸福的生活是可能的，但这仍是次等的幸福。"次等"确实是一个贬义词，而使用"**属人**"这个词（几行之后又出现了这个词）也同样具有贬义，就像在谈论小人物的生活，尤其是当它与沉思生活中使用的"不朽"比较时。尽管如此，政治生活的幸福仍**还是**真正的幸福。

如果我们逐一研究我们遇到的对理论生活优越性的论证，我们就可以很容易地推断出政治生活中的幸福是真实的，而不是幻觉、替代品或安慰剂。因为，根据同样的论证，我们可以证明，与其他人——不自制者、自制者、坏人等——的生活相比，明智之人的生活是多么优越。与这些人相比，明智之人是幸福的。

事实上，在《政治学》中，亚里士多德比在《尼各马可伦理学》中说得更详细，因为他用了整整两卷，即第七卷和第八卷，来解释在一个近乎理想的城邦中，明智的公民（他们在一些时候行使统治权，另一些时候是公民）在生活中也**享受**着闲暇。因此，亚里士多德在《政治学》中说，闲暇并不是理论生活的专有特权。教育计划的目的之一就是为公民提供最大和最好的闲暇。这种教育最典型的例子就是音乐教育：不是教公民演奏音乐，而是教他们聆听音乐，通过辨别音乐的高贵之美来享受音乐。在《尼各马可伦理学》中，政治生活的特点是没有闲暇，而在《政治学》中，政治生活被赋予了一种闲暇，因此，通往幸福的大门是敞开的。

明智之人可以在没有智慧的情况下，"以次等的方式"获得幸福吗？是的，他们可以。条件是他们认识到理论活动确实是符合人性的最高活动，因此他们（作为统治者和被统治者）愿意塑造城邦，使这些活动始终可以通达并处于更高的地位。换句话说，他们应该受过充分的教育（pepaideumenos），这样他们才能理解理论科学的对象和这些科学本身的高贵之美，并愿意为智慧之人提供他们在城邦中应有的地位。回到 VI.13 中的说法，只有当明智除了指导我们所有的实践活动之外，还承认智慧的首要地位时，明智的人才会是幸福的。

无论如何，我们在政治生活中所能享受到的幸福与我们在沉思生活中享受到的幸福有着共同的特征：（1）它需要闲暇；（2）它与优先考虑粗俗的效用或利益不相容；（3）它以我们从事理性活动为前提，这些理性活动能实现我们把握真的能力。

9.4　沉思生活的诱惑

尽管上述讨论淡化了亚里士多德幸福观最初的怪异性，但我们

第9章　首要的和次等的幸福

必须承认，沉思生活的诱惑并非一目了然。然而，同样的诱惑吸引着西方思想界从柏拉图、亚里士多德到黑格尔、海德格尔的众多伟大哲学家，这也是不争的事实（尽管其理由及其对政治生活的影响大相径庭）。

现在，解码《尼各马可伦理学》的艰苦工作已接近尾声，让我们给自己一点闲暇。我将通过对伦勃朗的两幅画作的观察（theôria）来说明为什么沉思生活会吸引亚里士多德：一幅被错误地定名为《夜巡》(The Night Watch)（图4），这幅画的确切标题是：《弗兰斯·班尼克·库克上尉带领的第二民兵支队》(Militia Company of District II under the Command of Captain Frans Banninck Cocq，布面油画，1642年，363cm×437cm，藏于阿姆斯特丹国立博物馆）和《尼古拉斯·杜尔医生的解剖课》(The Anatomy Lesson of Dr. Nicolaes Tulp，布面油画，1632年，216.5cm×169.5cm，藏于海牙毛里茨美术馆）。①

《夜巡》尺幅巨大：画中人物几乎与真人一样大小。这幅画曾被错误地命名为《夜巡》，因为多层清漆让它看起来很暗。20世纪

---

① 资料来源：W. Wallace, *The World of Rembrandt: 1606-1669*. New York: Time-Life Books, 1968; W. Schupbach. *The Paradox of Rembrandt's "Anatomy of Doctor Tulp"*. London: Welcome Institute for the History of Medicine, 1982; D. Mitchell, "Rembrandt's 'The Anatomy Lesson of Dr. Tulp': A Sinner among the Righteous." *Artibus et Historiae* 15/30 (1994): 145-156; G. Schwartz, *The Night Watch*. Amsterdam: Rijksmuseum, 1994; H. Berger Jr., *Manhood, Marriage, and Mischief: Rembrandt's "Night Watch" and Other Dutch Group Portraits*. New York: Fordham University Press, 2007; P. Greenaway, *Nichtwatching*, 2007; J. L. Wright, "Reading Rembrandt: The Influence of Cartesian Dualism on Dutch Art." *History of European Ideas 33* (2007): 275-291; G. Steiner, "The Cultural Significance of Rembrandt's 'Anatomy Lesson of Dr. Nicolass Tulp'." *History of European Ideas 36* (2010): 273-279.

幸福为什么很重要？

图 4　《夜巡》(《弗兰斯·班尼克·库克上尉带领的第二民兵支队》)

第 9 章 首要的和次等的幸福

对其进行修复和清洗时,可以明显看出该场景发生在白天。这是一个军事团体的群像,该团体可能不是参加实际战斗,而是参加游行。这幅画是受这个由 18 人组成的团体委托创作的,他们的名字刻在画面背景左上方的盾牌上。其余 16 个人物都是附加的,他们的出现主要是为了加强场景的戏剧性,并强调运动的元素。这 18 个人物中每个人的出场都根据社会地位和为画作贡献的金额,或完整或不完整,或处于显要位置或不处于显要位置,等等。

在目前的语境下重要的是,这幅画很好地描绘了政治生活的本质,至少我是这么认为的。无论人们选择哪种解释,比如这幅画只是描绘了一个场景,就像照片一样;这幅画叙述了一个团体或共同体的形成;这幅画具有象征意义,伦勃朗间接地嘲弄了委托人,而委托人又间接地嘲弄了和平时期对军事团体的需求,等等,不管怎样,很明显的是,这幅画描绘的是政治社会中与他人共处的生活。下面就是这样的生活都包括什么:

(1) 政治生活是一种**创造统一性**的努力。这幅画被认为象征着荷兰新教徒和天主教徒之间的和谐以及荷兰的统一,这并非偶然。统一需要**历史性**,请注意,许多人物的服装或头盔并不属于创作的年代。统一还要求受到威胁,时刻处于危险之中,因此需要一个军事团体,或者在任何情况下,都需要一个致力于从任何威胁中拯救共同体的团体。政治共同体的统一从来都不是一劳永逸的,它需要持续不断的行动。

(2) 政治生活建立在明确的**等级制度**基础上,有人负责发号施令。在这里,这个人就是弗兰斯·班尼克·库克上尉。他在画作中心的位置、伸展的腿和手臂的动作都暗示着**运动的触发**;正是**他**下达了全体行动的命令。等级制度与比较有关,这一点在上尉的身材和旁边的中尉相比高大得不成比例中表现得非常明显,在他手臂的动作给中尉造成的滑稽阴影中表现得更加明显,这带有明显的影射意味。而同样明显的是,有些面孔几乎无法辨认,或者完全隐藏在其他面孔之后。

(3) 然而,这种等级制度**受到了质疑**:中尉的身影,由于他的浅色服装,要比上尉明亮得多,他的目光显然更有活力,而且根据一些评论家的说法,他更聪明、更有才智。他的年轻也显而易见。此外,画作右侧另一个伸着右腿的人物似乎也像上尉一样在发号施令,对上尉视而不见,或者想取而代之。在政治生活中,**竞争**是不可避免的。

(4) 另外,政治权力本质上是**软弱无力**的:当上尉指挥参与者开始行动时,政治体却依然无所事事。有些人似乎只是为了引人注目而在画家面前摆姿势,对上级的命令毫无兴趣。政治信息并没有以同样的方式、同样的清晰度在整个政治团体中传播。也许它能完整地传递给中尉,但不能传递给其他人。当我们远离政治决策的中心时,信息就会减弱,变得模糊或暗淡,至少会出现传递延迟,导致共同行动无法推进。

(5) 更具有戏剧性的是,政治体是一个充满**无序**和**离心力**的东西。大多数人物都朝向自己,而且在任何情况下都不会协调行动。每个人都在工作,但对其他人的工作漠不关心或者一无所知。每个人的个性和能动性与共同使命的要求之间很难取得平衡。红衣男子的形象最具特色:他位于队长左侧稍后的显眼位置,正忙着给枪上膛,对周围发生的事情漠不关心。事实上,伦勃朗将这16个"戏

第 9 章 首要的和次等的幸福

剧性"人物分散在场景中,增加了画面的**混乱**感,而画作中几乎可以听到的声音元素:孩子的叫喊声、狗叫声和鼓声,也更加突出了这种混乱感。

(6)更具戏剧性的是,政治生活中蕴含着**危险**甚至**暴力**:上尉身后的人物刚刚开了一枪——烟雾在中尉的帽子旁边清晰可见,而另一个人则试图转移枪口的目标。目标是谁?是中尉吗?在没有下达任何命令的情况下,那个人是如何主动开枪的?在政治生活中,无论上尉或统治者的权力有多大,总会有不可预知的行为,这对每个人来说都是危险的。同样危险的还有中尉右边的老人擦拭武器的方式,他把武器拿得离自己的脸太近了。这两个人物分别是最年轻和最年长的人,这也许并非偶然。无论如何,这两个人都是团队的一员。

(7)政治生活从来都不是一目了然的,它总是需要**附加的意义**,或者**象征意义**:我们不能忽视一个神秘的女孩形象,她的腰带上很可能是团体的标志(在她身后还有另一个女性形象)。不管怎么解释这个形象,可以肯定的是,它的方向与其他形象相反,它引入了女性或家庭生活的元素,这也与这个军事团体所代表的理念相反。无论如何,这个符号需要占据整幅画的中心位置,这一点本身就表明,政治生活本身并不包含事物的全部意义。第二个符号是画作中央的团体的旗帜,它占据了同样突出的位置。

(8)作为一则轶事,值得注意的是,贯穿政治生活的**危险**和**象征性**也贯穿了这幅画作的历史。从创作至今,这幅画一直被用作荷兰统一和权力的象征。然而,正是由于这种政治用途,这幅画的一个重要部分在 18 世纪放置于阿姆斯特丹市政厅时实际上被去掉了!这就是政治生活的历史性,每一代人总是努力按照自己的意愿来管理过去：过去的人们无法控制这种管理，这使得对过去的自我理解总是有条件的、有争议的、可能被滥用的。

（9）政治生活使**外部观众**的地位成为问题：面对这幅巨大的画作，画中的人物似乎随时可以走进博物馆大厅，观众感到了威胁，几乎害怕自己会被这个混乱的团体践踏，除非他们被同化。在政治生活中，**观看**（*theôria*）**在大多数情况下**很难找到安宁祥和的空间或庇护所。画家也同样是外在的。人们猜测伦勃朗是否在嘲笑他画中的团队，委托人是否对结果满意，他们最终是否付给他钱，等等，这些传说无疑都是由于画中发生的事情与画家本身的工作之间存在着巨大的距离。

这么看来，政治生活是美好而快乐的，它包括某种形式的闲暇、经济的富足和社会的认可、团队精神、历史性、卓越，甚至可能是和平。这是一种给幸福留出了空间的生活，尤其是对于那些处于上尉位置或与他接近的人来说。但是，它也包含危险、模糊、离心力、低效率、混乱、战争、不相容的个性和不相容的目标。总之，有许多黑暗的阴影。你越是退缩到这些阴影中，或者让它们笼罩着你，你获得幸福的机会就越是被削弱，甚至被摧毁。

现在，让我们将上面对政治生活的描绘与另一幅画（图5）进行比较，在我看来，这幅画反映了亚里士多德式的沉思生活的形象。我们看到的是一堂解剖课，当然，这意味着不是神学、天文学或数学课。然而，亚里士多德本人在《论动物的部分》（*Parts of Animals*）I.5.644b23- 645a30 中似乎也在描述这样一门课，同时还谈到了观看（*theôria*）：这里的理论是指观察和研究事物原因的能

第 9 章　首要的和次等的幸福

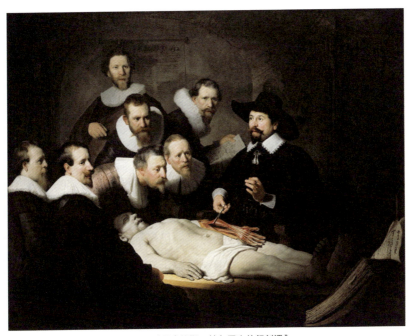

图 5　《尼古拉斯·杜尔医生的解剖课》

力，即使它涉及的是关于比较低级的，甚至最让人恶心的动物的知识，但是这并不妨碍自然事物中存在着**奇妙**或高贵之美的东西。文中接着说，关于人体的知识也是如此：血液、神经、骨骼等景象虽然令人厌恶，但如果观看得当，在知识渊博的观看者眼中，它们也是美丽的。在这里，亚里士多德使用了一个广义的"观看/沉思"（*theôria*）概念来描述关于有生灭的自然存在的原因的知识，亚里士多德还强调，这种知识让那些认识到自然目的及其功能（比如，人体器官的自然目的及其功能）有多么**奇妙**的人感到愉悦。

《尼古拉斯·杜尔医生的解剖课》的创作比上一幅画早十年，也是一幅群像画，还是第一幅伦勃朗署上自己名字的画。这幅画是阿姆斯特丹外科医生行会会长杜尔医生本人与其他七位外科医生共同委托伦勃朗创作的。行会的每一位负责人都要为公众上一堂解剖课，每年只允许上一次，条件是尸体属于死刑犯（这里的犯人因盗窃被绞死）。在画作的右下方，我们看到了一本医学手册，很有可能是著名的解剖学家、现代医学的创始人安德烈亚斯·维萨里（Andreas Vesalius）所著的《人体结构》（*De humani corporis fabrica*，1543 年）。这幅肖像似乎描绘了以下所有的内容：

（1）知识**超越了实用性**：这是一堂解剖课，而不是什么治疗的行动。目的不是治病救人，因为尸体已经死亡，而是展示自然的真相。尽管我们相信科学的力量，但鉴于我们所处的是一个充满宗教色彩的环境，这种知识同时也以神的工作为对象。因此，关于人体的知识同时也是关于自我、自然和神的知识。

（2）**理论生活是拥有知识的人的活动**：与此类主题的绘画通常采用的手法不同，伦勃朗并没有在画中加入更多的观众。唯一的观众就是外科医生自己，他们已经掌握了相关的知识。他们正在进行的是沉思或观看（*theôria*）活动。这里不存在多重活动：除了杜尔医生之外，每个人都在做着完全相同的事情，出于完全相同的原因，基于完全相同的知识：他们观察、沉思。在沉思生活里，没有离心力，也没有意想不到的情况。没有人阻挠他人，没有人挑战他人的立场，没有人破坏他人的行动，没有人完全依赖他人。事实上，与《夜巡》中的政治生活相比，每个人的注意力强度显然更高。

（3）**理论活动是平等者的共同活动**：画中的所有外科医生不仅从事着同样的活动，在某种程度上，他们还是严格意义上的共同观察者。不难看出，除了为在场的人做记录的人——在杜尔医生身后的那位,其他六个人都呈箭头状指向杜尔医生,好像每个人都在通过其他所有人的眼睛观看。个体性是存在的,但并不妨碍共同行动。此外,画中对杜尔医生本人的描绘就像维萨里对自己的描绘一样:前者将自己视为后者的继承者。画作后面的医生凡·卢恩(Van Lunen)——朝观众看的那位,原本戴着一顶帽子(我们可以通过 X 射线看到),这表明他被认为是与杜尔医生平等的人。

(4)理论活动是一种**纯粹科学**的活动:我们的印象是,杜尔医生并不是那个切开和清洗尸体来进行准备的人,他不是一个体力劳动者。对身体和死亡原因的知识宣告了人类心灵的伟大。事实上,科学知识始终保持着**从远处**观看者的姿态,并不介入对象本身,不冒险与之接触:没有一个外科医生接触尸体,他们只是看着它。因此,即使是在最令人厌恶或最罪恶的事物面前,科学知识也没有被其对象污染的风险。

(5)理论生活中没有**意义的缺失**:杜尔医生本人的活动代表了理论知识的完整性和整体性。这里没有任何对抗:杜尔医生所说的话,他的左手在其肌肉的影响下所做的事情,他右手的镊子所展示的人体肌肉以及维萨里的解剖手册中所讨论的内容,都是相互映照的。这就是为什么我们看到杜尔医生本人、他的手或者书都不要紧:无论我们看到哪里,看到的都是同一个理性。

(6)理论生活**没有风险**:不仅参与活动的外科医生不必害怕彼此,观众和画家也感到自己是安全的。因为他们都以这样或那样的方式参与同样类型的活动:他们都是观众。在沉思生活领域,邀请是毫不含糊的:谁能看,就让他们看,因为不存在竞争或等级问题。当然,沉思生活要求在政治生活中占有一席之地。事实上,这些绘画揭示了欧洲人认识到科学团体在政治生活中的独特地位。然而，沉思生活所要求的只是存在的空间。它并不要求额外参与政治事务，也不挑战库克上尉的地位。

（7）理论生活是一种**生活**，它体现了一种带有道德内容的立场，这种立场尊重知识的永恒价值，代表了善战胜恶的立场，与画中死去的盗贼的卑劣形成鲜明对比。尸体的位置无疑参考了曼特尼亚（Mantegna）的《哀悼基督》(*Lamentation of Christ*，1480 年，布面蛋彩，米兰布雷拉美术馆 [Pinacoteca di Brera])，这绝非偶然。也许，这就是外科医生面向观众所扮演的角色，即强调获取和践行知识离不开对人类生活的构想，世界的结构并没有剥夺我们从价值角度理解生命的义务。在杜尔医生的时代，这种价值就是在神恩中拯救灵魂。在亚里士多德的世界里，这种价值是在人类可能的范围内达成不朽。这些差异在这里并不重要。在这两种情况下，沉思生活都是通往最高的好的旅程上最好的交通工具。

这就是理论生活为什么如此诱人，至少对那些体验过对事物原因的纯粹知识带来的快乐的人来说是这样。我们必须想象杜尔医生和其他外科医生是幸福的。而对于库克上尉和他的副官来说，可以期待的是次等的幸福，当然，要除了他们身后的年轻人真的想要射杀他们的情况……

9.5 德性的统一性

现在我们要重拾在本书 2.6 节中遇到的著名的"德性统一性"问题，这不仅因为我们刚刚认识到由智慧与明智之间的关系产生的

第9章 首要的和次等的幸福

困惑，而且还因为明智与德性之间的关系本身需要进一步的展开。下面这段话至关重要：

> **VI.13.1144b30-1145a2**：【1】很明显，没有好就不可能是明智的……【2】没有明智，就不会有完整的德性。【3】这就是为什么有人说所有的德性都是某种明智，也是为什么苏格拉底的探究在一个方面是正确的，而在另一个方面是错误的；因为他认为所有的德性都是某种明智，这是错的；但他说没有明智就没有德性，这是对的。【4】那么，从我们已经说过的东西里面可以清楚地看到，没有明智就不可能是完全的好，没有伦理德性就不可能有明智。【5】此外，我们还可以用这种方法来解决有人可能用辩证法提出的德性相互分离的观点……就自然德性而言，这确实是可能的，但就那些被称为"无条件的好"的德性而言，这是不可能的；因为在明智这一种德性存在的同时，它们也都存在。

这一系列观点准确地说明了"德性统一性"。亚里士多德围绕【1】【2】【5】三个主张展开论述：（1）要想拥有明智，就必须同时拥有伦理德性；（2）要想拥有完整的伦理德性——它既不是自然德性，也不仅仅是在教师指导下用习惯养成的德性状态（参见本书2.3节）——就必须拥有明智；（3）明智的单一性意味着伦理德性的单一性或统一性，也就是拥有其中一种伦理德性就意味着拥有所有伦理德性。【4】强调了明智对伦理德性的依赖，反之亦然，而【3】则指出，这种双向依赖是因为明智作为一种理智状态，在种类上不同于伦理德性。因此，无论"德性统一性"是什么，它非但不意味着取消两者间的区别，反而以这种区别为基础。

人们常常认为，这三种主张，尤其是结合在一起时，会造成哲学上的困难甚至进入一条死胡同：它们似乎与苏格拉底式的理智主义有某种不明不白的关系，歪曲了每种德性的特殊性和局部性，暗示了关于如何获得伦理德性的一种有缺陷的发展论，而且总体上与我们的常见看法矛盾，即一个人可能在道德行为的某一领域完全具有德性，但却不具备所有德性。我怀疑这些指控是否成立，同时我也担心，为亚里士多德观点辩护的标准方式，或其温和版本，只是嘴上说说，并没有认真对待其中的复杂和精微之处。

我在这本导论的最后讨论德性的统一性，是因为我认为这些问题的解决方案建基于迄今为止所展示的亚里士多德伦理学的诸多细节之上；此外，读者现在还有机会重温前几章的某些要点。我的目的是解码和捍卫亚里士多德的论点，并说明它如何忠实于我们的道德经验。

第一，我们可能会认为，用技艺的例子为亚里士多德辩护注定失败。因为一个人可以是一项技艺的专家，而不是多门或所有技艺的专家，同样，一个人可以拥有一种伦理德性，而不拥有所有伦理德性。但是明智与技艺的差别恰恰在于：（1）明智包含了什么是对我们整个人生好的知识（VI.5.1140a25-28）；（2）它为我们提供了对人生的整体看法，因为人生是随着时间的推移而发展的，从而构成"完全的一生"（I.10.1101a9-13）。为了完成这一任务，明智就必须监测和监督我们的品格状态之间的兼容性和实质上的一致性，从而**创造**某种统一性。但是，如何理解这种创造性作用取决于发展

第9章 首要的和次等的幸福

论的叙事：我们知道（参见本书2.5节），如下理解是错误的，即把明智看作在习惯养成的伦理德性已经形成之后的附加物。事实是，伦理德性与明智是共同成长的。弄清楚这究竟是如何发生的，是解决德性统一性之谜的一个关键点（见下文）。于是我们有了**第一个发现**：德性的统一性是由明智创造的；它不是自然德性或习惯养成的德性的特征。

第二，这就是为什么亚里士多德坚持认为德性的统一性不是以一种元－伦理德性为前提，这正是【3】通过回顾理智德性与伦理德性之间的区别所要强调的。这也是亚里士多德在第五卷中坚决反对柏拉图将正义视为德性整体的原因（参见本书3.1节）。在柏拉图看来，正义作为一种伦理德性，可以确立这里说的德性的统一性。通过将明智作为伦理德性的统一要素，亚里士多德很好地解释了这些伦理德性为什么都指向高贵（the noble）这个理性的和解释性的观念。因此，"德性的统一性"首先是关于德性结构或本质的论述。不过，这种说法需要加以限定。如今，人们通常将"归附"视角和"模型"或"理论"视角区分开来，前者是指我们将一种德性或所有德性归附于某个特定的人，而后者是指我们只提出了一种关于德性本质的理论，并认为亚里士多德的"德性统一性"只有从后一个视角看才是正确的。但在亚里士多德的论述中，并没有这种分离的余地。哪些人是有德性的或没有德性的，哪些行动是有德性的或没有德性的，什么是归附性和责任的条件，等等，所有这些问题在成为理论模型的对象之前，主要出现在赞赏与责备的实践中，出现在道德行动本身的领域中。而前者（"归附"视角）必须接受后者（"模型"或"理论"视角）的检验。于是我们有了**第二个发现**:即使从"归附"的角度来看,亚里士多德也确实相信"德性统一性"。

第三,假设张三的行动显示了勇敢,我们有理由称赞他是勇敢的人。然而,在另一个语境中,我们却发现他并不具备"大方"(magnificence)的德性。如果"德性统一性"成立,那么我们就应该收回之前对他的正面评价。但这与我们的日常经验矛盾,因此,我们应该收回对德性统一性的归附性看法。然而,在亚里士多德看来——我认为这是对的——赋予张三勇敢的德性,**就是**赋予他在特定领域(环境考验我们对恐惧和信心的管理)所体现的德性,**以及**任何德性所包含的明智:每次我们赋予张三一种完全意义上的德性时,就是赋予他明智。反过来说,明智并没有自己独立施展的空间,它的施展空间不在伦理德性的实现和实践空间之外或与其并列:每当明智实现时,它都是在有勇敢、慷慨、真诚等德性的行动**之中**实现的(我在此不讨论立法性的明智和政治性的明智[参见本书 5.6 节])。于是我们有了**第三个发现**:德性的统一性对应着明智并没有属于自己的领域,可以说明智的表现寓于伦理德性的领域之中。

第四,然而,我们需要注意,张三不大方的表现并不**一定**会让我们收回或放弃之前对他勇敢的评价。但这一表现也不会与我们先前的那个评价毫无关联,好像这是一个独立的、不可动摇的真相。实际上,它使我们对他的伦理德性产生**怀疑**,从而也对他的勇敢产生怀疑。例如,我们可能会开始怀疑,是不是他遇到的环境对他来说都太容易了,他的勇敢只是表面的;怀疑他其实只是一个假装勇敢的人;或者怀疑他是不是真的坚信勇敢行动的高贵性;等等。我们的怀疑是否会转而破坏我们之前的评价，这取决于他不大方的原因，我稍后会回到这一点。于是我们有了**第四个发现**：如果一个人被证明缺乏另一种品格德性，那么道德评价除了确认或削弱我们将某种伦理德性归附于他之外，主要由怀疑构成。

第五，我用大方的例子既不是随意的，也不是偶然的。它旨在驳斥对"德性统一论"的一种错误理解。与标准的解释相反，**亚里士多德并不认为拥有一种伦理德性就必须拥有所有的伦理德性**！大方的例子就很能说明问题："大方的人不同于慷慨的人；因为前者关注的是大量的财富，后者关注的是少量的财富。"（II.7.1107b17-19）因此，没有大量财富的人或穷人可以是慷慨的（generous），但不可能是大方的（magnificent）。大方需要的是我们拥有大量财富——这只能是偶然的，而不是可以让我们免于日常劳作之苦的最低限度的财富，甚至不是我们慷慨解囊所需的财富。因此，亚里士多德无疑会承认，大多数有德性的人并**不**大方，因为外部环境或单纯的运气并没有让他们变得大方；然而，没有什么会削弱或破坏他们真正的德性及其统一性。豪迈也是如此（参见本书2.6节）。（还需注意的是：这两种伦理德性并不是边缘或次要的，它们占了第四卷的三分之一篇幅。）

我们可以这样概括，伦理德性的获得在很大程度上取决于生活环境，需要参与有德性的行动的经验和机会。在人类活动中，确实有一些领域是每个人都熟悉的，比如我们与他人的关系、保护生命、满足某些需求、我们与自己身体的关系等等。但即使在这些领域，也只有生活中真实而特殊的环境才能决定我们如何经历道德困境和挑战。例如，一个人是否生活在和平的环境中（家庭、政治等），对勇敢的影响是完全不同的。

　　让我再举一个大方的例子。如前所述，那些没有大量财富，但有完全德性的人就**不可能**大方，但这并不影响他们有德性的品格和德性的统一性。假设一个有德性的人突然继承了巨额财产，他们会立刻自动变得大方吗？**完全不会**。如果不这样说，那就是理智主义的表现，也就是认为只要有理智德性就够了。与此相反，在亚里士多德看来——这也是正确的——突然变得非常富有的人需要很多时间来熟悉他们的财富，弄清楚他们究竟应该如何使用这些财富，在花费巨额财富时怎样做才是正确的，等等。**在这一过渡时期**，没有任何东西可以反驳德性的统一性。我们还是可以赞扬他们的其他德性，**期待**他们在获得必要的经验之后，确实会表现得大方；我们认识到他们有这样做的潜力。如果经过一段时间他们熟悉了自己的财富却无法变得大方，那么我们确实会开始怀疑他们的卓越。亚里士多德、修昔底德和古希腊悲剧作家都充分认识到，意外的、反复的好运对我们德性的挑战并不亚于厄运，因为它们会暴露人们隐藏的品格缺陷。无论大小，缺陷都与完全意义上的德性不相容，更与德性的统一性不相容。（由于超越人的自然限度而导致的失败则完全不同，它们完全不会损害德性［参见本书6.1节］。）但是我们需要注意，我把重点从对拥有所有德性的静态观察转移到了明智、德性的统一性和拥有所有德性之间的动态关系上。

　　同样的道理也适用于同一品格德性在不同领域的表现：张三虽然在政治生活中真正勇敢，但可能完全不熟悉军队和军事任务。我们是否应该想当然地认为，他在第一次参加战斗时就**必然**会表现得勇敢呢？**完全不是这样**！虽然这两种情况都涉及我们对恐惧和信心

第9章 首要的和次等的幸福

的管理，但如果认为我们可以自动、直接地将我们的明智和勇敢从一个领域**移植**到另一个领域，那就错了。此外，表现出真正的勇敢不仅意味着我们正确地控制恐惧和信心，还意味着我们正确地认识和计算所发生的事情的构成要素（谁、什么、关于什么、为了什么等）。于是我们有了**第五个发现**：德性的统一性还在于我们能够预见到明智的人是否准备好适应新的行动领域并获得新的品格德性。

第六，正确理解亚里士多德关于德性统一性的观点还有一个额外的障碍。因为亚里士多德观点的反对者和捍卫者都倾向于低估我在本书5.1节中所说的明智"辐条"的重要性：对普遍性的知识、明智的感知、决定、思虑、理解等等。毫无疑问，明智要求每一根辐条都发挥完美的功能，**但并不需要人们同时发展或拥有所有辐条**。在现实生活中，某些辐条就其本性而言，被期待也应该比其他辐条更早成长。这里有两个例子：从"我们整个一生"的视角来正确看待我们的行动，很可能是只有在明智发展到最后阶段才能获得的一种高度精微的能力。原因之一是，这种能力的基础是我们对长期计划的熟悉和投入，以及我们对吉凶祸福或世事沧桑的应对。在光谱的另一端，良好的推理能力，如良好的思虑，可能对于缺乏经验的人来说也很容易获得。因为这些都是我们在日常生活中，在技艺、科学、与道德相关的行动等方面锻炼出来的理智能力，而且在某种程度上，它们与数学一样是可以传授的。一旦获得了明智，它就会作为一个整体发挥作用，但在此之前，它的辐条会在不同的时刻以不同的节奏生长。

更重要的是，明智的辐条与特定的德性群有很强的亲和力。我们要记住，明智本身并没有独立的施展空间；因此，我们获得明智的前提也是参与和伦理德性相关的行动。换句话说，获取明智的过程涉及多个依赖德性的进程。让我再举两个初步的例子：与勇敢等德性相比，我们在践行正义德性的过程中，可能会更恰当、更自然地增长对普遍原则的认识。正义的科学本性及其可通过准数学类比来定义的特性解释了为什么会这样（VI.8.1142a11-15）。或者，举例来说，为了获得将我们的行动恰当地纳入我们整个人生观的专门知识，接触与友爱德性相关的环境和挑战可能是非常重要的。亚里士多德说，正是在友爱中，我们才能在人生的活动中真正把握自己和他人。诸如此类，不一而足。

我们讨论的底线是，有足够的空间来规避伦理德性的局部性和碎片性，同时尊重明智"辐条"的丰富性和内在差异性，这就带来了时间上的区别，与之相关的伦理德性的区别，以及获得每个辐条的容易程度或速度的区别。这样，我们就不会再冒在伦理德性的局部性和明智不可分割的整体性之间制造鸿沟的风险：创造德性的统一性和发展明智是同一过程的两个方面。于是我们有了**第六个发现**：品格德性的统一性，明智的内部分化（这是由它对伦理德性的依赖和各个辐条的非同步发展造成的），以及明智的统一功能，这三者共同发展。

我希望这六个发现能够为亚里士多德关于德性统一性的观点提供全面的辩护，这一观点不会被轻易否定，因为它也非常符合道德经验的现象学。唯一的代价是，完全的德性并不多见。不过，地球上没有天使也不是什么新闻。

9.6 《尼各马可伦理学》的受众

《尼各马可伦理学》的读者或听众也是这部著作的一部分。亚里士多德在开头（I.1-3）和结尾（X.9）都提到了他们。问题不只是谁应该阅读这部著作，而是谁被期待真正从书中的内容受益。我认为有三种答案。

第一种也是最常被提及的一种，涉及亚里士多德在《尼各马可伦理学》第一卷中的解释：

> **I.3.1094b27-1095a11**：【1】但每个人都能正确地判断他所知道的事物，并善于判断这些事物。因此，一个在某一领域受过良好教育的人是该领域好的评判者，而一个在所有领域都受过良好教育的人则是无条件的好的评判者。【2】这就是为什么年轻人不是政治学的恰当听众，因为他对生活中的行动没有经验，而论述与这些行动相一致，也与这些行动有关。此外，由于他倾向于跟随情感，所以听政治学对他来说既无意义也无益处，因为目的不在于知识，而在于行动。【3】一个人是在年纪上还是品格上年轻，并没有什么区别；因为他们的不足之处不在时间，而在于生活和追求每一件事时都追随情感。对这样的人来说，知识是无用的。

这段话似乎表明，亚里士多德对《尼各马可伦理学》读者的期望过高了。因为，根据【1】，他们必须**受过良好的教育**。我们在本书 4.3 节和 9.3 节中见过这个词。它指的是那些意识到人类经验和知识的每一个领域都有一种特殊形式的精确性的人。如果有些人对人类事物不熟悉，他们就不可能在相应的知识分支（即政治学）中受过良好的教育，因此他们就不适合阅读《尼各马可伦理学》。当然，我们在很多场合都强调过，所有人都会以某种方式参与政治，就像我们一样是政治性的存在。这也许是对的，但是单纯的参与并不构成经验：经验是一种认知上的成就，而不仅仅是记忆之类的积累。

正如【2】解释的，要想知道在这些条件下哪些人没有资格成为读者，就要考虑哪些人无法获得这样的经验。年轻人符合这一条件，原因有二：第一，他们年纪尚小，无法获得具体的经验，无法承担城邦中的责任，无法意识到私人领域和公共领域之间的摩擦，无法看到好运和厄运的影响，等等；第二，年轻人的实践理性尚不发达，或者还不成熟，因此他们会追随自己的情感。他们的生活非常接近放纵的生活，接近由激情主导的生活，这是他们的天性使然，而不是因为犯了什么错误。

很显然，任何只凭激情生活的人也是如此。兽性之人和放纵的人就像孩子一样。他们行动时就像理性被放逐出了他们的内心：他们的激情击溃了理性的计算（III.12.1119a33-1119b10）。孩子自然就不会思虑，而那些即使在年龄上已经成熟却像孩子一样的人，由于他们的品格状态，也不会做出经过思虑的选择（即决定）。他们的智力是否能够理解《尼各马可伦理学》并不重要，重要的是，他们的实践理性无法将书中关于行动的始点和幸福的教导与他们自己决定的始点联系起来。他们无法认识到亚里士多德揭示的行动始点与自己的行动相关。对于所有这些人来说，实践知识是不可及的。

第9章　首要的和次等的幸福

重要的是，亚里士多德没有把标准定得太高。比如，他并没有说只有好人才能理解《尼各马可伦理学》。相反，正如我们经常看到的那样，亚里士多德非常信任理性的力量，只要我们的品格状态没有被完全摧毁。显然，无论是自制者还是不自制者，都有能力听从理性。此外，问题不在于也不可能在于，《尼各马可伦理学》对所有这些人的道德改造会有多大**成效**。重要的是，谁能把这里所说的与自己的生活联系起来。那么，谁才是《尼各马可伦理学》的合适听众或读者呢？那就是就年龄而言成熟的，能够做出决定的理性主体；只有那些无法行使实践理性的人，比如孩子或兽性之人，才被排除在外。

还有第二个答案：《尼各马可伦理学》和《政治学》对生活在立法完善的城邦的每个公民都有帮助，因此这些公民就都是它们的受众：

> **《政治学》III.10.1282a3-23**：【1】然而，医生既可以是技艺的通常从业者，或者是主导性的，或者是在这门技艺上受过良好教育的人（因为几乎可以说在所有技艺中都有第三种人）……【2】因为每个人都可能是比那些匠人更差的评判者，但当他们聚集在一起时，他们的判断就比匠人更好或并不逊色……【3】在有些技艺中，制作者可能既不是唯一的也不是最好的评判者，缺乏相关技艺的人可能了解技艺的产品，例如，对房子的了解并不专属于建筑师，相反，使用它的人是更好的评判者（那是家政管理者）。同样，船长比木匠更好地评判船舵，客人比厨师更好地评判宴席。

幸福为什么很重要？

【1】将人分为三类：一是单纯听从医生指导的人，二是对医学有充分了解的人，三是受过良好教育、判断正确的人。这一次，受过良好教育的人与我们在城邦中的重要职能有关。【2】解释说，每个公民都通过参加政治机构、议会机构（例如雅典的公民大会）来弥补他们个人知识的不足（与拥有政治学知识的人相比），在那里，多元性平衡了知识的不足，因为这种多元性并不完全是**奴性**的。不仅如此，多元性还能遏制个人腐败的危险。

受过良好教育的人之所以能够理解《尼各马可伦理学》，还有一个原因：他们对这些知识有着切身的（就该词的当代意义而言）兴趣，因为作为公民，他们是在日常政治决策中使用政治学的人，而无论他们是否完全意识到这一点。他们可能看起来像手工业者（正如我们在本书5.5节中看到的那样），但他们应用的是政治学。因此，受过良好教育的人不仅能够理解《尼各马可伦理学》，而且还能对其做出判断，这一点在【3】中已有解释。因为，无论是作为政治行动的执行者，还是作为他人政治行动的参与者，他们都能区分不同人的生活。受过良好教育是一种认知上的成就，而不仅仅是一种简单的素质，就像能够妥善管理自己的家政、管理一艘船、判断饭菜的质量也是一种成就。不是每个有家庭的人或每个吃饭的人都能成为好的评判者。城邦的参与者也是如此。

不过，《尼各马可伦理学》还有第三类受众，也可能是主要读者，那就是**未来的立法者**。他们需要掌握有关公民个人和城邦幸福的主导性知识。而除了学习《尼各马可伦理学》和《政治学》中提出的实践领域的始点，学习幸福的组成部分（《政治学》VII.1.1323a14-19）之外，他们对此别无他法。因此，《尼各马可伦理学》的最后一章（X.9）明确提到了立法者，构架起这部著作与《政治学》之间的桥梁，这并非偶然。立法者，这个亚里士多德政治科学中的奇特人物（正如我们在本书 5.5 节中所看到的），是《尼各马可伦理学》最重要的受众，因为只有立法者才有机会应用——因此也是确认——亚里士多德所描述的全部行动和策略，不仅作为公民（生活在某个城邦中）和朋友（对特定的人采取行动），还作为一个政治共同体的统领者。

针对《尼各马可伦理学》和《政治学》的读者才可能的立法者的主导性活动可能是沉思生活与实践生活的熔炉。回到开启了《尼各马可伦理学》之旅的导言"一个人性的、太人性的故事"，我们必须想象好的立法者是幸福的。

拓展阅读

几个世纪以来，关于沉思与政治生活之间联系的谜题一直是无数研究的对象。就当前的目的而言，可以参考 Aufderheide 2020: 164-192; Lear 2004: 175-208; Reeve 2019; Salkever 2009。

参考文献

Annas, J. 2011. *Intelligent Virtue*. Oxford: Oxford University Press.

——1993. *The Morality of Happiness*. Oxford: Oxford University Press.

Aufderheide, J. 2020. *Aristotle's Nicomachean Ethics Book X*. Cambridge: Cambridge University Press.

Barney, R. 2008. "Aristotle's Argument for a Human Function." *Oxford Studies in Ancient Philosophy* 34: 293-322.

Beere, J. 2018. "Badness as Posteriority to Capacity in *Metaphysics* Theta 9." In P. Kontos (ed.), *Evil in Aristotle*, 32-50.

Bosley, R., Sisson J., Shiner R.A. (eds.) 1995. *Aristotle, Virtue and the Mean. Apeiron* 28/4.

Bostock, D. 1988. "Pleasure and Activity in Aristotle's Ethics." *Phronesis* 33/1: 252-272.

Broadie, S. 2007. *Aristotle and Beyond*. Oxford: Oxford University Press.

——1991. *Ethics with Aristotle*. Oxford: Oxford University Press.

Charles, D. 2015. "Aristotle on Practical and Theoretical Knowledge." In D. Henry and K. M. Nielsen (eds.), *Bridging the Gap Between Aristotle's Science and Ethics*, 71-93. Cambridge: Cambridge University Press.

——2009. "Varieties of *Akrasia*." In: C. Natali (ed.), *Aristotle's Nicomachean Ethics Book VII*: 41-71.

Coope, Ur. 2012. "Why does Aristotle Think that Virtue is Required for

Practical Wisdom?" *Phronesis* 57: 142-163.

Cooper, J. 1988. "The Fragility of Goodness." *The Philosophical Review* 47/4: 543-564.

——1977. "Aristotle on the Forms of Friendship." *Review of Metaphysics* 30/4: 619-648.

Curzer, H. 2018. "Aristotelian Demons." In P. Kontos (ed.), *Evil in Aristotle*, 98-121.

——2012. *Aristotle and the Virtues*. Oxford: Oxford University Press.

Dunne, J. 1993. *Back to the Rough Ground: Practical Judgment and the Lure of Technique*. Notre Dame: Notre Dame University Press.

Echeñique, J. 2012. *Ethics and Moral Responsibility*. Oxford: Oxford University Press.

Flannery, K.L. 2013. *Action and Character according to Aristotle*. Washington, D.C.: Catholic University of America Press.

Francis, S. 2011. "'Under the Influence'—The Physiology and Therapeutics of *akrasia* in Aristotle's Ethics." *Classical Quarterly* 61/1: 143-171.

Gadamer, H. G. 2004. *Truth and Method* (translated by J. Weinsheimer and D. G. Marsha). London/New York: Continuum.

Gonzalez, F. J. 1991. "Aristotle on Pleasure and Perfection." *Phronesis* 36/2: 141-159.

Gosling, J. C. B. & Taylor, C. C. W. 1982/2002. *The Greeks on Pleasure*. Oxford: Clarendon Press.

Grgić, F. 2021. "Ignorance, Involuntariness, and Regret in Aristotle." *International Journal of Philosophical Studies* 29/3: 351-369.

Jimenez, M. 2016. "Aristotle on Becoming Good by Doing Virtuous Actions." *Phronesis* 61: 3-32.

Heinaman, R. 2007. "Eudaimonia as an Activity in *Nicomachean Ethics* I.8-12." *Oxford Studies in Ancient Philosophy* 33: 221-54.

Hampson, M. 2020. "The Learner's Motivation and the Structure of Habituation in Aristotle. *Archiv für Geschichte der Philosophie* 104: 415-447.

Honneth, Al. 2014. *Freedom's Right. The Social Foundations of Democratic Life*. Cambridge: Polity.

Keyt, D. 1991. "Aristotle's Theory of Distributive Justice." In D. Keyt and F.D. Miller (eds.), *A companion to Aristotle's Politics*, 238-278. Oxford/ Cambridge Mass.: Blackwell.

Kontos, P. 2021. *Aristotle on the Scope of Practical Reason*. New York/ London: Routledge.

—— (ed.) 2018. *Evil in Aristotle*. Cambridge: Cambridge University Press.

—— 2018a. "Radical Evil in Aristotle's Ethics and Politics." In P. Kontos (ed.), *Evil in Aristotle*, 75-97.

——2018b. "Aristotle *in* Phenomenology." In D. Zahavi (ed.), *Oxford Handbook of the History of Phenomenology,* 5-24. Oxford: Oxford University Press.

——2014. "Non-virtuous intellectual states in Aristotle's Ethics." *Oxford Studies in Ancient Philosophy* XLVII/2: 205- 243.

——2013. *Aristotle's Moral Realism Reconsidered.* New York/London: Routledge.

Kosman, A. 2004. "Aristotle on the Desirability of Friends." *Ancient Philosophy* 24: 135-154.

Kraut, R. 2018. *The Quality of Life*. Oxford: Oxford University Press.

——2006 (ed.). *Blackwell's Companion to Aristotle's Ethics*. Oxford: Blackwell Publishers.

Lawrence, G. 2006, "Human Good and Human Function." In R. Kraut (ed.), *Blackwell's Companion to Aristotle's Ethics*, 37-75.

Lear, G. R. 2004. *Happy Lives and the Highest Good.* Princeton: Princeton

University Press.

MacIntyre, A. 1981. *After Virtue*. London: Duckworth.

McDowell, J. 1979. "Virtue and Reason." *Monist* 62: 331-350.

Meikle, S. 1994. "Aristotle on Money." *Phronesis* 39/1: 26-44.

Miller, F. D. 1995. *Nature, Justice, and Rights in Aristotle's Politics*. Oxford: Oxford University Press.

Natali, C. 2009 (ed.). *Aristotle's Nicomachean Ethics Book VII*. Oxford: Oxford University Press.

Nehamas, Al. 2016. *On Friendship*. New York: Basic Books.

Nussbaum, M. 1986. *The Fragility of Goodness*. Cambridge: Cambridge University Press.

——1992. "Human Functioning and Social Justice." *Political Theory*, 20/2: 202-246.

Olfert, C.M.M. 2017. *Aristotle on Practical Truth*. Oxford: Oxford University Press.

Pearson, G. 2018. "Aristotle on Psychopathology." In P. Kontos (ed.), *Evil in Aristotle*, 122-149.

——2012. *Aristotle on Desire*. Cambridge: Cambridge University Press.

Price, A. W. 2017. "Varieties of Pleasure in Plato and Aristotle." *Oxford Studies in Ancient Philosophy* LII: 177-208.

Radoilska, L. 2012. "*Akrasia* and Ordinary Weakness of Will." *Tópicos* 43: 25-50.

Ravaisson, H. 2008. *Of Habit* (translated by C. Carlisle and M. Sinclair). London: Bloomsbury.

Reeve, C.D.C. 2019. "Human Happiness As a Political Achievement in Aristotle." *Kronos Philosophical Journal* 7: 61–84.

——2018. *Aristotle. Rhetoric*. Indianapolis: Hackett.

——2017. *Aristotle. Politics*. Indianapolis: Hackett.

——2014. *Aristotle. Nicomachean Ethics*. Indianapolis: Hackett.

——2013. *Aristotle on Practical Wisdom. Nicomachean Ethics VI*. Cambridge Mass.: Harvard University Press.

——2012. "Aristotle's Method of Philosophy." In Ch. Shields (ed.), *The Oxford Handbook of Aristotle*, 150-170. Oxford: Oxford University Press.

Rorty, A. 1980. (ed.) *Essays on Aristotle's Ethics*. Berkeley/Los Angeles/London: University of California Press.

Salkever, St. 2009. "Reading Aristotle's *Nicomachean Ethics* and *Politics* as a Single Course of Lectures." In St. Salkever (ed.), *The Cambridge Companion to Ancient Greek Political Thought*, 209-242. Cambridge: Cambridge University Press.

Sauvé Meyer, S. 2006. "Aristotle on the Voluntary." In R. Kraut (ed.) *Blackwell's Companion to Aristotle's Ethics*: 137-157.

Schields, Ch. 2015. "The Science of Soul in Aristotle's Ethics." In D. Henry and K. M. Nielsen (eds.), *Bridging the Gap Between Aristotle's Science and Ethics*, 232-253. Cambridge: Cambridge University Press.

Segvic, H. 2011. "Deliberation and Choice in Aristotle." In Pakaluk, M. and Pearson, G. (eds.), *Moral Psychology and Human Action in Aristotle*, 159-186. Oxford: Oxford University Press.

Sokolowski, R. 2001. "Friendship and Moral Action in Aristotle." *Journal of Value Inquiry* 35: 355–369.

Strohl, M. S. 2011. "Pleasure as Perfection: *Nichomachean Ethics* 10. 4-5." *Oxford Studies in Ancient Philosophy* 41: 257-287.

Taylor, C.C.W. 2006. *Aristotle. Nicomachean Ethics. Books II-IV*. Oxford: Clarendon Press.

Van Riel, G. 1999. "Does a Perfect Activity Necessarily Yield Pleasure? An Evaluation of the Relation between Pleasure and Perfect Activity in Aristotle, *Nicomachean Ethics* VII and X." *International Journal of*

Philosophical Studies 7(2): 211-224.

Warren J. 2015. "The Bloom of Youth." *Apeiron* 48/3: 327-345.

Wiggins, D. 1987. "Deliberation and Practical Reason." In *Needs Values, Truth*, 215-238. Oxford: Oxford University Press.

Williams, B. 1995. "Acting as the Virtuous Person Acts." In R. Heinaman (ed.), *Aristotle and Moral Realim*, 13-23. Westview: Boulder.

——1980. "Justice as a Virtue". In A. O. Rorty (ed.), *Essays on Aristotle's Ethics*, 189-200.

Wolf, S. 1997. "Happiness and Meaning: Two Aspects of the Good Life." *Social Philosophy and Policy* 14/1: 207-225.

Yack, B. 1993. *Problems of a Political Animal*. Berkeley/Los Angeles/London: University of California Press.

Young, C. M. 2005. "Aristotle's Justice." In R. Kraut (ed.), *The Blackwell Guide to Aristotle's Ethics*: 179-197. Oxford: Blackwell Publishers.

译后记

在我的心中，亚里士多德的《尼各马可伦理学》是西方伦理学史上最重要的著作。它所确立的"幸福论"传统成为影响之后两千余年伦理思想发展的基本范式，不管是在它的基础上加以发展，还是对它报以批评，都不可避免地要与它进行对话。它的重要性还在于它对诸多伦理问题的思考可以给每个人提供指引，不管是它对幸福与德性关系的深刻论证、对伦理德性之为"中道"的系统阐发、对理智在人生中重要意义的崇高礼赞，还是对正义不同含义不同层面的深入辨析、对快乐作为"随附性目的"的独到见解、对朋友作为"另一个自我"的精微体察，都会给人生带来极大的助益，特别可以让人们在这个动荡的世界中安顿内心。

但是与此同时，想要充分理解《尼各马可伦理学》也绝非易事，书中用词的质朴和例子的日常或许会带有很强的欺骗性，掩盖其中很多精巧的论证和精深的思想。如果没有进行过深入的研究，很容易望文生义，出现偏差。

这本《幸福为什么很重要？——亚里士多德〈尼各马可伦理学〉导论》是当代希腊最有影响力的古代哲学家和现象学家、帕特拉斯大学哲学教授帕夫洛斯·康托斯的新作（希腊文版出版于2018年，英文版出版于 2023 年）。这本导论最大的特点在于，作者并没有简单概括亚里士多德的思想，而是在每一节都精选了来自亚里士多德《尼各马可伦理学》和《政治学》的核心文本，然后对这些文本进行全面深入地解读，以"注疏"的方式带领读者真正读懂亚里士多德的文字——正是这些文字本身（而不仅仅是"快餐"式的概括），让《尼各马可伦理学》具有历久弥新的力量。

康托斯教授的这本导论全面覆盖了《尼各马可伦理学》中所有的重要主题，并且对一些争议较大的论题（比如明智、不自制、快乐等）做出了公允的阐释，同时保留不同阐释的可能性，而且对一些学界相对关注较少的问题提出了独到的见解（特别是对明智诸多"辐条"的分析非常精彩）。作为亚里士多德伦理学的研究专家，康托斯教授在书中说的每句话都有充分的研究作为依据，但他从不炫耀自己的专业知识，自始至终保持着平实生动的写作风格，也保持着与读者极强的互动性。这本书是我读到过的最适合带领非专业读者进入亚里士多德伦理世界的著作。

康托斯教授也是我很好的朋友，从 2014 年突然收到他的一封邮件开始，我们在过去十年里的友谊日益深厚。他曾经多次到人大访问，教授过暑期课程，邀请人大学生到帕特拉斯大学访学，帮助我安排"明德行思·中希文明互鉴"的暑期研学，为我组织的讲座系列贡献力量，为我翻译亚里士多德的著作提供便利；我也带他享受过北京的美景和美食，受邀访问过帕特拉斯大学，给他的著作写过书评，参与他组织的中希比较哲学会议……我们之间已经有了老友之间的默契和心灵相通，我们知道彼此会无条件地支持对方，共同推进那些彼此都认为极有意义的事业！

幸福为什么很重要？

　　将康托斯教授的这本导论作为"本原·希腊思想丛书"的第一本书，也是对我们十年友谊的一份最好纪念！

刘　玮

2024 年 6 月 20 日

于中国人民大学